Harald von Heyden

Unterwegs
im geteilten Deutschland

Erinnerungen und Erfahrungen eines Pastors

FRIELING

Die Deutsche Bibliothek – CIP-Einheitsaufnahme
von Heyden, Harald:
Unterwegs im geteilten Deutschland: Erinnerungen und
Erfahrungen eines Pastors / Harald von Heyden. –
Orig.-Ausg., 1. Aufl. – Berlin: Frieling, 1996
(Frieling-Erinnerungen)
ISBN 3-8280-0167-X

© Frieling & Partner GmbH Berlin
Hünefeldzeile 18, D-12247 Berlin-Steglitz
Telefon: 0 30 / 7 74 20 11

ISBN 3-8280-0167-X
1. Auflage 1996
Titelgestaltung: Graphiti/Heyden
Sämtliche Rechte vorbehalten
Printed in Germany

Inhalt

Vorwort   7

Bericht

Wie kam es zu den Begegnungen?   9
Einige Bemerkungen zu meiner Biographie – Was ich
ererbt von meinen Vätern … – Die Entscheidung für
den Westen band mich an den Osten – Erste
Begegnungen

Die 50er Jahre: Rollenfindung und Nothilfe   13
Wir lernen uns kennen – Der Kirchentag in Leipzig
1954 –
Sind wir im Osten die „5. Kolonne" des Westens? –
Patengemeinde Kölleda, Pakete – GENEX – eine
Geschenk- Organisation

Die 60er Jahre: Ich sammle Eindrücke in Jena,
Halle und Berlin   20
Jena – Halle – Ostberlin – Rückblick auf die 60er Jahre:
Waffendienst der Christen, Mauerbau

Die 70er Jahre: Wiedersehen mit
Vorpommern   28
Besuch der alten Heimat – Neue Patengemeinde bei
Stralsund – Ab 1973 Einreise im eigenen Auto – Der
Kirchturm in Kartlow – Das Pastorat in Kartlow –
Treffen mit Gottfried in Berlin – Heimatkunde in
Sachsen-Thüringen – Der Ostberliner Professor 1978 in
Schleswig

1980 – 1988: Alte und neue Freunde   40
Die neue Patengemeinde Loitz – Ein besonderer Abend

hat Folgen – Abenteuer an der Grenze – Gottfried hält
1983 Vorträge in und um Schleswig – Claudia

Die Wende 47
Die Kommunalwahl im Mai 1989 und ihre Folgen.
Henry: Ich werde mutiger." – Der Pastor als Hausherr
von „Gruppen kritischer Christen" – Die Ziele der
fragenden Gruppen – Belastet jeder Kontakt mit der
Staatsmacht? – Demonstration in Rostock – Meine
„alten Rechte" erwachen zu neuem Leben – Letzter
Gruß der DDR

Die 90er Jahre: Die Einheit bringt neue Themen 55
Demminer Gäste in Schleswig – „Die ganze DDR steht
zum Verkauf" – Über Weihnachten 1990 bin ich Pastor
in Pommern – Ein früherer Nachbar übernimmt die
Ländereien der Heyden-Ahnen

Änderungen in der Pommerschen Kirche 59

Ich besuche Bischof und Siegfried – Weitere
Änderungen in der Kirche ... – ... und in Rostock –
Meine Söhne kümmern sich um das Familienerbe –
Besuche in Kartlow – Noch einmal: Claudia

Einsichten und Fragen

Welche Folgen hat die „Bodenreform" und die Behandlung dieses Fragenkreises im vereinigten Deutschland? 66

Die Situation – Ein Brief an den Bundeskanzler –
Offene Fragen

Wie soll mit den Menschen umgegangen werden, die in

der DDR verantwortlich mitgewirkt haben? 70

Es entstand eine neue Führungsschicht – Es hatte
Tradition, „staatsfromm" zu sein – Nicht jede Anpassung macht schuldig 70

Wie ist es zu verstehen, daß, obwohl die Kirche in der
Wende eine positive Rolle gespielt hat, ihr Ansehen im
vereinigten Land gesunken ist? 73

Spiegeln die Akten alles im Leben? – Das Volk richtete
sich nicht nach seinen „Meinungsführern" 73

**Welche Gründe für den unblutigen Verlauf
der Wende sind erkennbar?** 76

War das Regime rundum verbrecherisch? – 76

Man verstand sich als „kleiner Bruder" der Sowjetunion
– Der Abgang der Machthaber war unheroisch – 76

Welche Blockaden gegenüber östlichen Problemen sind
in westlichen Köpfen erkennbar? 78

Wer hat das letzte Wort über uns: Unsere Schuld oder
Gottes Segen? 79

Vorwort

Wir leben im sechsten Jahr der deutschen Einheit. Mancher ist darüber enttäuscht, daß sich der Prozeß des Zusammenwachsens der Menschen in den alten und den neuen Bundesländern als schwierig erweist. Die Ursache hierfür besteht darin, daß beide Seiten in der Zeit der Trennung eine sehr verschiedene Geschichte erlebt oder erlitten haben, wobei jeder mit sich selber beschäftigt war, so daß man voneinander sehr wenig wußte.

Ich bin 1922 in Vorpommern geboren, habe nach dem Krieg als Pfarrer in Hessen und Pastor in Schleswig-Holstein gelebt und habe seit 1952 in jedem Jahr, oft mehrfach, die Grenzkontrollen bei der Einreise in die DDR passiert. Weil der Kreis der Menschen, die während der deutschen Teilung in ständigem Gedankenaustausch mit Gesprächspartnern im anderen Deutschland gestanden haben, nicht sehr groß ist, entsteht dieses Buch. Es enthält neben meinen Erinnerungen auch einige nachträglich gewonnenen Einsichten und Fragen.

Dem Leser wird auffallen, daß in den Jahrzehnten für mich durchaus auch verschiedene Dinge im Vordergrund gestanden haben. Durchgehend habe ich mich als einen Mann der Kirche verstanden, der dazu beitragen wollte, das Leben der christlichen Gemeinden im anderen Deutschland zu erhalten und zu stärken. Dieses Interesse bleibt das vorherrschende. Seit den 70er Jahren tritt zu diesem Thema die Begegnung mit der alten Heimat und ihren Menschen. Nach der Wende wird es für mich wichtig, wie die Rechtsgemeinschaft der alten Bundesrepublik mit dem von der DDR geerbten Unrecht der „Bodenreform" umgeht. Ich war bereit, mich betreffenden Verlust zu akzeptieren. Das schließt aber nicht aus, daß ich mich von neu lebendig gewordenem Erbe in die Pflicht nehmen lasse.

Die in den Berichten auftauchenden Namen von Städten und Dörfern sind die zutreffenden. Nachnamen von erwähnten Personen fehlen, die genannten Vornamen sind die richtigen. Wenige nicht relevante Tatsachen wurden aus Rücksicht auf Personen verändert, alle in direkter oder indirekter Rede erwähnten

Zitate wurden aber so wiedergegeben, wie sie sich dem Gedächtnis eingeprägt haben.

Möge dieses Buch dazu beitragen, daß das Verständnis für die Lebenssituation der Landsleute im je anderen Teil Deutschlands größer wird.

Bericht

Wie kam es zu den Begegnungen?

Mein Engagement für die Menschen in der ehemaligen DDR erklärt sich aus meiner Biographie und aus der Tatsache, daß ich nach dem Krieg Pastor geworden bin. Als solcher hatte ich vom ersten Tage an eine mir je von der Kirche zugeordnete Patengemeinde im Osten, wobei die Paten sich in wechselseitigem Geben und Nehmen als Partner verstanden.

Einige Bemerkungen zu meiner Biographie

Ich wurde im Dorfe Kartlow als dritter Sohn von fünfen in einem Gutshaus geboren. Durch den frühen Tod meines Vaters erbte ich das ebenfalls im Kreise Demmin gelegene Gut Sarow, ungefähr 1.000 ha groß. Von 1940–46 war ich sechs Jahre lang Soldat, zuletzt in russischer Gefangenschaft. Meine Familie, ich hatte 1944 geheiratet, war vor dem Einmarsch der Russen nach Westen ausgewichen. Ich konnte in mein Heimatdorf nicht zurückkehren, weil ich infolge der im Herbst 1945 durchgeführten Enteignung der „Bodenreform" den Kreis Demmin nicht mehr betreten durfte. So ging auch ich in den Westen und fand in Holstein Frau und Kind wieder. Dort befanden sich zunächst auch meine Mutter und die beiden Geschwister, die den Krieg überlebt hatten.

Was ich ererbt von meinen Vätern ...

Mein materielles Erbe war verloren. Meiner Frau und mir war vom ersten Tag an klar, daß hier eine Tür zugefallen war, die wir nicht wieder würden öffnen können. Folglich lernte ich nicht Landwirtschaft, sondern studierte Theologie: Wir wollten

„Pastors" werden. Welche Bedeutung bekam nun für mich als Pfarrer in Hessen und später als Pastor und Propst in Schleswig-Holstein die Tatsache, daß meine Familie eine alte Geschichte hat und ich ein enteigneter Gutsbesitzer war? Aus meiner Sicht ließ sich darauf nicht viel antworten: Ich würde eben dem Namen der Vorfahren in veränderter Rolle Ehre zu machen suchen. Für meine Mitmenschen stellte sich die Sache aber etwas anders dar: Hatte nicht die Führungsschicht des kaiserlichen Deutschland Anteil an dessen Katastrophe 1918? Und waren es nicht diese ehemals mächtigen Kreise, die den Bestand der ersten deutschen Demokratie dadurch geschwächt hatten, daß man sich deren Ruf zu tätigem Mit-Einsatz weithin verschloß? Solches Fragen wurde mir zum Anlaß, mich mit der Frage nach Schuld und Verantwortung der Väter zu befassen. Das führte zu folgender Entdeckung: Keine Familie in unserem Volk wird in das vergehende 20. Jahrhundert zurückblicken können, ohne folgenreiche Fehlentscheidungen der vorangegangenen Generation zu entdecken. Und je bedeutender die Stellung des einzelnen gewesen ist, desto mehr wird er sich kritischen Fragen zu stellen haben. Dazu kommt ein Zweites: In der Bibel gibt es sozusagen einen „Fachmann" für persönliches Verschulden – Jakob. Der leugnet seine Belastung auch nicht. Viel wichtiger ist ihm aber, daß er gesegnet ist. „Nun wollen wir doch einmal sehen, was da mächtiger ist: meine Schuld, oder der Segen Gottes?" Ich war ja auch im Auftrag nicht meines Vaterlandes, sondern dieses Hitler unterwegs gewesen, ihm Europa zu unterwerfen. Wir dünkten uns damals hierzu beauftragt. Und am Ende standen wir beschämt und betrogen da. Auch wir hatten doch nur die eine Chance: Wir durften Gott glauben, daß seine Gnade sich in unserem Leben mächtiger erweisen würde als unsere Schuld. Daher ergab und ergibt sich Unbefangenheit im Blick auf die Vorfahren: Es ist erlaubt zu entdecken, daß sie ihren Besitz und ihre Stellung nicht ohne Härten ausgebaut, und daß sie sich dem heute herrschenden Gedankengut der Demokratie kaum geöffnet haben ... Wenn nur eines dazu gesagt werden darf: Es waren überwiegend tüchtige Leute, und es waren Christen. Auch in ihrem Leben bleibt unübersehbar: Nicht selten war Gottes Segen stärker als Menschenschuld. Daher kann ich sagen: Ich setze mich – auch in diesem Buch – mit den Folgen deutscher Geschichte nicht „als reuiger Sünder" auseinander, sondern als einer, der das Erbe der Väter antreten möchte, um es zu gewinnen. Dabei soll klar bleiben: Man darf mich sowohl auf die im Erbe enthaltene Last als auch von mir begangene Fehler ansprechen.

Die Entscheidung für den Westen
band mich an den Osten

Etwa 1949 fragte ich als Marburger Theologie-Student bei der Pommerschen Kirche in Greifswald an, ob es möglich sei, als „bodenreformierter Gutsbesitzer" in Vorpommern – bei geltendem Bannmeile-Gesetz – Pastor zu werden. Die Antwort lautete: „Ja. Das Land ist groß genug, und die bestehende gesetzliche Regelung ist ja nur örtlich begrenzt wirksam." Meine Frau und ich wollten jedoch unsere damals vier und später fünf Kinder nicht in einem Land aufziehen, in dem wir als Unterworfene hätten leben müssen. Wir waren bereit, uns mit neuen Ideen und auch Mächten auseinanderzusetzen. Dabei sollte aber dem einzelnen eine gewisse innere Unabhängigkeit zugestanden werden. Und dies schien uns in der damaligen Ostzone und späteren DDR nicht gegeben.

25 Jahre später fragte mich Henry – wir werden ihn kennenlernen: „Warum tust du das alles?" Ich antwortete: „Vielleicht deshalb, weil du da stehst und Lasten auf dich nimmst, wo nach nicht ganz schlechten alten Regeln ich zu stehen hätte. Sollte es mir dann nicht erlaubt sein, dir ein wenig beizustehen?"

Erste Begegnungen

Die Kirche vertraute mir schon als Vikar das Kirchspiel Mengsberg in Nordhessen an. Dort wurde ich 1952 ordiniert, ohne zuvor das Prediger-Seminar besucht zu haben. Statt dessen berief man mich alsbald zu einem Kurz-Lehrgang ein. Ich lebte dabei zwei oder drei Wochen in Hofgeismar zusammen mit anderen jungen Theologen. Wir sprachen über unsere Arbeit und die Zukunft des Landes. Zwei von uns wollten in die DDR übersiedeln, um dort Dienst zu tun. Der eine hatte im lange zu Kurhessen gehörigen Schmalkalden familiäre Bindungen, und der andere sagte: „Mein Vater war im preußischen Landtag für die SPD, war auch zu DDR-Zeiten Leiter einer Hermann-Lietz-Schule (Haubinda) in Thüringen. Er erwartet von seinem Sohn: Wenn es ein sozialistisches Deutschland gibt, solltest du in dessen Bereich leben und arbeiten."

Der so sprach, heißt Gottfried, ging nach Thüringen, heiratete dort eine Leipzigerin und wurde in den 60er Jahren mein Paten-Pastor.

Schon 1951 übertrug man mir als Vikar den Dienst eines Kreisjugendpfarrers. Diese kamen aus dem Hessenland zweimal im Jahr zu einer mehrtägigen Konferenz zusammen. Das Sommertreffen fand jeweils in Ostberlin und gemeinsam mit den Thüringer Jugendpfarrern statt. Wir lernten einander gut kennen, weil wir nicht nur zusammen arbeiteten, sondern auch wohnten. Unsere Kontakte wurden dabei freundschaftlich und nicht selten eng. – So kam es, daß ich ab 1952 wenigstens einmal im Jahr die Grenzkontrollen der DDR passierte.

Die 50er Jahre: Rollenfindung und Nothilfe

Wir lernen uns kennen

Einmal waren wir Jugendpfarrer aus Ost und West volle zwei Wochen im Norden Berlins auf der Kabelwerksinsel zusammen. Wir lebten in Klausur. Unser Thema war: „Die Praxis des Pfarramtes in Ost und West." Ich war Referent für die Hessen. Bei der Grenzkontrolle wurde ich herausgewunken. Ich solle alles Papier vorzeigen, das ich bei mir hätte. Dann nahm der offenbar recht gut durch Postkontrollen informierte Offizier mein Konzept und las mit, als ich ihm mein Referat aus dem Kopf vorzutragen hatte. – Das kostete Zeit.

Zu verbergen hatte ich nichts. Die Zwischenfragen zeugten von Verständnis. Ich durfte passieren. Und lernte: Hier gibt es noch einen Obrigkeitsstaat; andere verfügten über meine Zeit.

An den Abenden besuchten wir das Brecht-Theater, das Kabarett „Die Diestel", auch die Oper, seltener die Theater im Westen.

Ein andermal saß ich als Beifahrer im Wagen eines Kollegen, bevor ich 1955 ein Auto hatte kaufen können. Der Fahrer schenkte einem Ostkollegen seinen Ersatzreifen. Daß er fehlte, wurde abends bei der Rückfahrt bemerkt. Es dauerte Stunden, bis die Protokolle wegen „Unerlaubter Einfuhr" und „Zollvergehens" fertig und unterschrieben waren.

Der Kirchentag in Leipzig 1954

Ein Ereignis aus dem Jahre 1954 ist den Menschen aus Ost und West, die dabei sein konnten, unvergeßlich: der Kirchentag in Leipzig. Das lutherische Sachsen ist eines der Länder, die stärker als manch andere christlich geprägt worden sind. Die Zehntausende in der Woche und die weit über 100.000 Menschen am Sonntag, die herbeigeströmt waren, hatten nicht nur die Melodien, sondern auch die Texte ihrer Choräle im Kopf: Und wer von den Messehallen in ein anderes Tagungszentrum der Stadt wechselte, sang in den Straßenbahnen weiter. Die Volkspolizisten, die zurückhaltend für Ordnung sorgten, erlebten mit fassungslosem Staunen, wie ein im Marxismus-Leninismus geschultes Volk eine ganz anders begründete Hoffnung heiter singend bezeugte. – Dabei war das Wetter ungünstig: Es regnete und regnete. Als Heinrich Giesen, damals Generalsekretär des Kirchentags, das Podium betrat, sagte er mit Blick nach oben: „... mit Strömen der Liebe geregnet..." (E. G. 317,4), was ihm mit großem Gelächter gedankt wurde. Auf der Schluß-Kundgebung hatten drei Redner das Wort auszulegen: „Seid fröhlich in Hoffnung." Bischof Dibelius sprach als erster. Und begann: „Für unsere Hoffnung haben wir drei Gründe: Erstens: Sowieso..." Pause. Dann brach ein Jubel los. Die Gemeinde hatte verstanden: Der Glaube, der der Verheißung des Herrn traut, hat immer den längeren Atem. – Die freudige Stimmung, die die Menschen in jenen Tagen erfüllte, verdankte sich auch der Tatsache, daß in Leipzig noch einmal die Gemeinden aus Ost und West beisammen waren. Und man ahnte: „Nachdem die hiesige Staatsmacht uns in diesen Tagen erlebt hat, wird sie einen gesamtdeutschen Kirchentag nie wieder zulassen." Und so traf es dann auch ein. – Im Vorraum der größten Messehalle stand eine ca. acht Meter hohe Statue Stalins. Ein Freund klopfte an den Fuß. Man hörte: Der war hohl. Er grinste: „Der dich stürzt, ist schon geboren." Am Abend wurde hier ein Verkündigungsspiel von Ulrich Kabitz aufgeführt. Gottes Volk zog durch die Wüste. Von Station zu Station. Und es war und blieb begleitet von seinem Herrn, der ihm das ersehnte Ziel verheißen hatte ... – Ich traf in Leipzig den hessischen Landes-Jugendpfarrer, der damals schon ein Auto hatte. Einen halben Tag „schwänzten" wir in Leipzig und fuhren hinaus ins Land. Unser Ziel war der Dom in Naumburg. Nach der hohen Stimmung legte es sich uns wie ein Alp auf die Seele: Wie sahen, schon damals, Dörfer und Städte in ihrem bröckelnden Putz und ihren Fenstern ohne neuen Anstrich heruntergekommen aus!

Dann bekamen wir einen Eindruck von den Methoden, mit denen hier „der neue Mensch" geschaffen werden sollte: Auf dem Markt war eine Anschlagtafel. Auf ihr stand mit Namen und Adresse verzeichnet, wer als Landwirt, sei er Alt- oder Neubauer, seiner Ablieferungspflicht (der Ernte) nicht voll genügt hatte!

Den Naumburger Dom kannte ich damals noch nicht. Sein weiter Raum und seine Stille umfingen uns. Vor den ausdrucksstarken Figuren der Stifter verharrten wir lange. Ich kehrte an diesen Ort später von Jena her mehrfach zurück. In meiner Erinnerung an jene Tage geht mir der Gedanke durch den Kopf: Seit es Menschen gibt, sind sie auch schuldig geworden. Die Stärkeren haben die Schwächeren besiegt. Gott aber hat sich immer zu denen gehalten, die, ob schuldig oder nicht, auf ihn vertraut haben.

Sind wir im Osten die „5. Kolonne" des Westens?

Und dann erlebte ich zweimal Bekenntnisse von Ostpfarrern zum Sozialismus als zukunftsweisendem politischen System: Ein Gastreferent von der Goßner-Mission stellte die Frage, in welcher Rolle sich die Anwesenden fühlten: „Vertritt hier jeder seine christliche Existenz in einem mehr oder weniger politisch fremdbestimmten System, oder erwarten die 'Westler', daß die 'Ostler' so etwas wie eine 5. Kolonne des Westens im Osten sind? Oder erwarten die 'Ostler', daß sich die 'Westler' zum Sozialismus bekehren? – Nachdenken. Jedes System blieb in seiner Realisation fragwürdig. Es war also auch möglich, seine Existenz im Osten als Chance zu begreifen.
Jahre später: Ein Funktionär der FDJ war beeindruckt von der Differenz im Auftreten und in der Disziplin zwischen den Besuchern der Welt-Jugend-Festspiele in Berlin, wohl 1953, und auf dem Leipziger Kirchentag, kündigte und studierte Theologie, wurde Pastor, ja Landesjugendpastor. Dieser Mann verhalf mir zu einer wichtigen Einsicht: Ich hatte in anderem Zusammen-

hang gegenüber enthusiastischen Gliedern der Jungen Gemeinde, die östliche Errungenschaften notfalls mit Gewalt im Westen einzuführen vorhätten, gesagt:

„Vorsicht, auf solche Leute könnte geschossen werden!" Derlei finstere Gedanken mochte der Pastor in mir vermuten. Er fragte mich: „Was denkst du, wenn du die Grenzkontrollen passiert hast und durch die DDR fährst?" – „Was ich jetzt sage, hat keine Aussicht, Realität zu werden, entspricht aber dem, was in mir hochkommen kann: Diese Schweinerei müßte doch mit ein paar anständigen Divisionen wieder einzurenken sein!" (Dergleichen habe ich also, etwa 15 Jahre nach meiner sechsjährigen Existenz als Soldat und Offizier, noch denken können.) Interessant war nun die Replik: „Hör gut zu: Die Situation, in der wir leben, hat Gott uns gegeben. Wir nehmen sie an. Christen suchen der Stadt Bestes, in der sie leben. Die Idee des Sozialismus ist gut. Wir sind dazu da, daß der Abstand Idee – Wirklichkeit kleiner wird." Hier wurde ausgesprochen, was 20 Jahre später die Formel „Kirche im Sozialismus" meinte. Ich war beeindruckt, fragte mich aber doch: Ist dieser Pastor nun ein Einflußagent der östlichen Staatsmacht, eingesetzt in der Kirche, oder sieht er als Christ und Sozialist die Welt und seine Aufgabe so? Schon damals kam ich zum Ergebnis: Beides ist möglich. Für die Beantwortung der Frage aber, die er mir gestellt hatte, war es unerheblich, ob er auch dem Engagement seiner Jugendzeit im Sozialismus treu bleiben wollte: Er war biblisch berechtigt, die Situation, in der er lebte, als die ihm von Gott gegebene Aufgabe und Chance zu verstehen. – Solche Erinnerungen bremsen mich, heutiger Gespensterjagd gegen Stasi-Spitzel unkritisch zuzustimmen. Jeder Mensch träumt, sehnt sich, will seine Zukunft gewinnen, will nach vorne leben und etwas wagen. Der Sozialismus ist von Hause aus eine gute Sache. Er verdankt sich der Frage Gottes an Kain: „Wo ist dein Bruder Abel?" Brüder sind Menschen, die einander vergeben können. In der DDR war die Grundidee jedoch pervertiert: Eine Gruppe, die sich selbst das „richtige Bewußtsein" bescheinigte, bevormundete und entmündigte alle übrigen.

Patengemeinde Kölleda, Pakete

Ich hatte aber nicht nur als Jugendpfarrer Paten im Osten, sondern auch als Vertreter meiner Gemeinde Mengsberg in Hessen. Wir wechselten Briefe mit dem Pastor im Städtchen Kölleda. Ich bin dorthin nie gekommen, aber er hat uns mehrfach besucht. Einmal kam die Katechetin auf mehrere Tage in unser Pastorat. Wir luden die Menschen am Abend in die Kirche ein, um ihrem Bericht über die dortigen Lebensverhältnisse zu lauschen. Die aufmerksame – und im Osten geschulte – Frau bemerkte hinten in der Kirche, durch einen Pfeiler fast verborgen, einen Mann, in dem ich einen nicht der Kirche angehörenden sudetendeutschen Flüchtling erkannte, der hier noch nie zu sehen gewesen war. Unser Gast war überzeugt: Das war das Ohr der östlichen Staatsmacht an diesem Ort!

Mitte der 50er Jahre gab es dann eine große Paket-Aktion. Die DDR zwang alle Alt- und Neu-Bauern in die nun entstehenden Genossenschaften. Jeder brachte sein Land, Vieh und Geräte ein und arbeitete später unter Leitung von akademisch gebildeten Kadern in den Kolonnen der Großbetriebe. In der Zeit dieser Umstellung wurde die DDR von einer schweren Versorgungskrise heimgesucht. Wir sammelten in unseren Dörfern Speck, Mehl und Zucker, „gewürzt" mit etwas Kaffee, und brachten mehrere Dutzend schwere Pakete auf den Weg. Die Bereitschaft zum Spenden – und zum Mitmachen beim Verpacken – war erfreulich.

GENEX – eine Geschenk-Organisation

Wer in der DDR Genußmittel oder Gegenstände eines gehobenen Bedarfs kaufen wollte, konnte sich seine Wünsche in den Exquisit-Läden erfüllen. Dort waren die Preise aber so hoch, daß kirchliche Mitarbeiter sie sich nicht leisten konnten. Das hatte zur Folge, daß private und kirchliche Stellen einen Strom von Gaben in den Osten geleitet haben. Die DDR beschloß daraufhin, an diesem Warenstrom mitzuverdienen: Einerseits schränkte sie den Paketverkehr durch restriktive Bestimmungen ein, gründete zugleich aber die Firma GENEX. Bei ihr konnte der westdeutsche Bürger bestellen, was das Herz begehrt: Autos, Zentralheizungen, Haushaltsgeräte oder Genußmittel. Er bezahlte mit der D-Mark, der Empfänger erhielt überwiegend in der DDR produzierte Ware. Auf diese Weise konnte die DDR ihre sonst nicht konkurrenzfähigen Güter gegen harte Währung absetzen. Das westdeutsche Diakonische Werk hat auf diesem Wege für Millionenbeträge, die zum Teil vom Staat finanziert wurden, die östlichen Mitarbeiter versorgt und ihre Dienstwohnungen modernisiert. Auch für die westlichen Patengemeinden war diese Lösung praktikabel. Sie mußten die Bedingungen annehmen, die ihnen gestellt wurden. Nicht akzeptiert haben wir die Regelungen der DDR, die die Einfuhr von Druckerzeugnissen betrafen. Theologische Literatur und insbesondere Werke von Solschenizyn habe ich erfolgreich eingeführt. – In anderen Fällen waren wir den Gesetzen treu. Es kam immer wieder vor, daß ein Ostbürger, der Vermögen hatte, über die Westkontakte der Kirche seinen in den Westen gegangenen Kindern größere Geldbeträge, möglichst im Wechsel-Verhältnis 1:1, zukommen lassen wollte. Diesem Wunsch haben wir in keinem Fall entsprochen. Wir wollten die Patenbeziehungen der Gemeinden zueinander nicht, um Einzelnen gefällig zu sein, gefährden. – Schon Anfang der 50er Jahre entstand die „Bruderhilfe": Auf freiwilliger Basis ließ sich fast jeder West-Mitarbeiter der Kirche einen Betrag (20,- bis 50,- DM) von seinem Gehalt abziehen, der über das Diakonische Werk einem Ost-Mitarbeiter zugute kam. So wurde es möglich, daß jahrzehntelang fast jeder Mitarbeiter im Osten über etwas Westgeld verfügt hat, um sich einige Wünsche zu erfüllen.

Mein persönlichster Beitrag zur Erhaltung der Verbindung im geteilten Deutschland entstand in den 60er Jahren, als mir ein Freund aus der DDR sagte: „Fast wichtiger als Kaffee ist es für mich zu erfahren, wie ihr bei euch predigt, wie ihr die Bibel in die Fragen eures Lebens einbringt." – Ich hatte seit jenen

Zeiten eine Sekretärin. Nun setzte ich mich zunächst ab und zu, später dann ca. 25mal im Jahr nach dem Gottesdienst hin und diktierte, später auf Band, was in der Kirche gesagt worden war. Gegen Ende meiner aktiven Zeit wurden diese Texte von etwa 70 Personen in Ost und West bezogen.

Die 60er Jahre: Ich sammle
Eindrücke in Jena, Halle und Berlin

Jena

Von 1951–1960 war ich Vikar und dann Pfarrer in Mengsberg in Nordhessen, ab 1. April 1960 Pfarrer an der Elisabethkirche in Marburg/Lahn. Zusätzlich übernahm ich im Herbst das Jugendpfarramt und wurde Pate von Gottfried, der Jugendpfarrer in Jena war. Anfang der 60er Jahre kam es zu einem 14tägigen Besuch von mir in Jena. Das war etwas Besonderes, erhielten doch damals nur Verwandte eine Einreise-Genehmigung. Gottfried hatte den Beamten, der ihm die Ablehnung des Antrags auf Einreise des Westbesuchers mitteilte, nach dem Wortlaut des Paragraphen gefragt, der Ausnahmen regele. Da habe der lachend gesagt: „Wenn es im Interesse der DDR liegt." Gottfried: „Das ist gegeben. Wir unterhalten uns seit Jahren über die Zukunft Deutschlands. Ich kenne den Westen, mein Freund aber nicht den Osten. Darunter leidet unser Gespräch." – „Wird ihr Besucher bereit sein, sich mit Vertretern unserer Stadt im Rathaus zu unterhalten?" – „Das macht der mit Lust. Und er schreibt dann darüber im ‚Deutschen Pfarrerblatt'. – Ich bekam die Einreise. Eines meiner ersten Erlebnisse war die Teilnahme am Gottesdienst einer „Hauskirche". Ein Familienvater hielt in seiner Wohnung die Andacht, zu der die Nachbarn geladen und gekommen waren. Gottfried nahm nicht das Wort. Das begründete er so: „Uns Pastoren kann man jederzeit aus dem Verkehr ziehen. Wir müssen dafür Vorsorge treffen, daß der Glaube auch ohne uns fortleben kann."

Ich machte Gemeindebesuche. Bei einem Ingenieur erfuhr ich Widersprüchliches: „Im Westen wollten wir nicht leben, nur um mit unserer Arbeit reiche Leute noch reicher zu machen. – Jedoch: Was einem hier das Leben verleidet, ist vor allem andern, daß uns unkompetente Leute ständig reinreden, wir also nicht effektive Arbeit leisten können." Bei der zweiten Flasche

Wein: „Kennen Sie Wege, auf denen wir hier raus könnten?"

Gottfried hat mir, und später in den 70er Jahren auch einmal meiner Frau, stets gerne die Schönheiten seiner Heimat gezeigt: Wir waren in Weimar. Das ließ sich von Jena aus einfach mit dem Bus machen. Wir wandelten auf Goethes und Schillers Pfaden. Dabei wurde mir deutlich, daß das von manchen bei uns „Ostzone" genannte Land ja eigentlich seine Mitte darstellt. – Der Dom zu Naumburg blieb für mich eine Stätte besonderer Andacht. Man kann den Stifter-Chor nur betreten, indem man durch eine enge Doppelpforte schreitet, deren Mittelpfosten das Kreuz des Christus darstellt, wobei man auf dem Weg zu den Schuldigen, den Stiftern, unter Jesu ausgestreckten Armen hindurchgeht. Die alten Meister lebten nahe dem Herzen der Welt, und sie wußten diese erfahrene Nähe anderen zu vermitteln.

An einem Abend fuhren wir aus dem Saaletal auf die Höhe in westlicher Richtung, um in einem Dorf die Versammlung der Genossen der örtlichen LPG mitzumachen. Ich nehme an, dieses Dorf wurde kirchlich von Gottfried mitbetreut. Wir befanden uns hier auf dem Schlachtfeld, auf dem 1806 Napoleon die Preußen schlug. – Die Veranstaltung verlief aber eher enttäuschend. Es redete nur der Vorsitzende. Eine anschauliche Demokratie konnte man in der DDR kaum erleben.

Gottfried und ich besuchten auch eine Vorlesung bei O. Klohr, der in Jena „Professor für wissenschaftlichen Atheismus" war. Am Ende stellten wir uns vor und baten um ein Gespräch. Er lud uns daraufhin zum Kaffee in seine Wohnung ein. Als wir dort erschienen, versuchte der Vater seiner siebenjährigen Tochter zu erklären, was ein Pfarrer sei. Die Kleine aber unterbrach ihn und sagte: „Das weiß ich doch, vom Kindergottesdienst!" – Da sah der Ehemann seine Frau überrascht an.

Interessant wurde das Gespräch beim Magistrat. Es empfing uns der für kirchliche Fragen zuständige Referent für Inneres. Er war Offizier bei der Armee gewesen und für den Dienst in der Kommunalpolitik umgeschult worden, etwa 40 Jahre alt. Neben ihm saß schweigend und aufmerksam ein „Ohr" der Staatsmacht. Zunächst bedankte ich mich für die Erlaubnis, nach Jena einreisen zu dürfen. Sodann sagte ich ihm Freundliches und gab ihm zu verstehen, daß er in seinem Amt respektiert würde. Das öffnete ihm den Mund. Er erzählte von seiner Tätigkeit. Ein Auto benutze er nur ausnahmsweise. Zum Dienst führe er mit der Straßenbahn. Da hörte er täglich, was die Menschen bewege. Nach einer Weile stellte ich die kritische Frage: Wenn man das Gute im Menschen fördern wolle, warum belaste man dann schon Kleinkinder im Kindergarten mit Haß erweckenden Bildern gegen den „Klassenfeind" im Westen? – Das sei wohl nur zu verstehen, weil die Bedrohung von daher so groß sei. – Das Gespräch verlief in aufmerksamer und zeitweilig entspannter Atmosphäre. – Nach diesem Treffen bemerkte Gottfried: „Für den Zuhörer war es spannend, wie jeder Partner die für ihn fragwürdigen Gebiete mied." – Welche seien das? „Für Sie Ihre Abstammung von Gutsbesitzern, für Ihre Partner deren nicht ganz zweifelsfreie Legitimation für ihre Macht."

Ich merkte auf dem Rathaus – und Gottfried gab auch entsprechende Berichte: Er war für die Verantwortlichen der Stadt eine respektable Persönlichkeit. War er nicht freiwillig in diesen Staat gekommen? – Gottfried nutzte sein Ansehen folgendermaßen: Er ging auf die Behörde und stellte die Frage: „Wie kommt es, daß es im Schlachterladen unseres Viertels kein Fleisch gibt, in jener Gegend aber, wo wichtige Leute wohnen, ist das anders?" Gottfried erzählte von einer Einladung an ihn und einige andere Pfarrer von seiten der Partei: Man mache die Erfahrung, daß viele junge Ehen scheiterten. Das habe für die Kinder verheerende Folgen. „Können Sie uns raten, wie mit diesen Vorgängen umzugehen ist?" – Die Kirche geriet für diese Funktionäre also nicht nur als ideologischer Gegner in den Blick. – Ich wurde nie vorher und nachher auf einem Rathaus mit soviel Respekt behandelt.

Ich erlebte den Anruf des Schulleiters eines der Söhne Gottfrieds: „Ihr Sohn weigert sich, den Aufsatz mit dem Thema ‚Bei uns zu Hause – meine Eltern' mitzuschreiben. Er sagt, das habe ihm sein Vater verboten." – „Das trifft zu. Ich halte diese Ausforschung der Privatsphäre der Schüler für nicht vereinbar mit der Verfassung." – „Sie werden jetzt Ihren Sohn anweisen, seinen Widerstand aufzugeben." – „Ich werde dieses Gespräch sogleich wörtlich meinem Bischof telefonisch zur Kenntnis bringen." Der Direktor legte auf. Dem Sohn geschah nichts. Wir besuchten auch die Elternversammlung einer Schule. Es ging steif zu. Der Elternbeirat wurde demokratisch gewählt, alle Kandidaten wurden aus dem Plenum benannt. Hinterher Gottfried: „Natürlich läßt sich niemand aufstellen, dem nicht zuvor von der Schule grünes Licht gegeben worden ist!"

Ende der 60er Jahre gab Gottfried seinen Gemeindebezirk in andere Hände. Ihm wurde mit zunächst zwei Mitarbeitern die Betreuung des riesigen Neubaugebietes Neu-Lobeda übertragen. An der Bauweise dieser Beton-Wüste ist eine Regelung bemerkenswert: Gleich hinter jeder Haustür gibt es den „Postraum". Er ist immer verschlossen, nur der Postbote kann und darf ihn öffnen. Von diesem Raum her füllt er von hinten die Briefkästen, die vom Flur aus keinen Einwurfschlitz haben. Lediglich der Empfänger kann seinen Briefkasten öffnen, einwerfen in ihn kann nur der offizielle Postbote. – Diese Bauweise verdankt sich einer Erfahrung: Die KPD hat längere Zeit in vielen Ländern in der Illegalität gelebt. Dabei lernte sie es zu schätzen, daß übliche Briefkästen sehr diskret zur Übermittlung von Nachrichten benutzt werden können. Diesen Vorteil will sie ihren Gegnern nicht zukommen lassen. – Einen kirchlichen Raum gab es nur in Kirche und Pastorat Alt-Lobeda in der Nachbarschaft.

In den 70er Jahren machte ich dort ein Gemeindefest mit. Dabei erzählte ich den Kindern die Geschichte von Naeman (2. Kö. 5) mit dem kleinen Mädchen und dem namenlosen Knecht als Hauptperson. Ein neu hinzugekommener Pastor wollte mich als „Gast aus der Ökumene" begrüßen. Gottfried bog das ab: „Du willst ihn doch nicht kränken. Er ist Gast aus dem anderen Deutschland."

Halle

In Halle besuchte ich von Jena aus mit dem Zug die Familie eines Medizin-Professors. Mit der Hausfrau und Mutter von vier verheirateten Töchtern hatte ich in unserer Jugendzeit vor dem Krieg einmal getanzt, auch einige Briefe gewechselt. Nach einem Fachkongress hatte sie mir über einen Marburger Kollegen, der in unserem Kirchenvorstand war, Grüße ausrichten lassen. Es war eine reizvolle Situation: Vier junge Frauen und ihre Männer erwarteten einen Abend mit „Mutters früherem Verehrer". Der Hausherr hielt sich zurück, die Jugend führte das Wort. Die Schwiegersöhne hatten verschiedene Berufe: Ein junger Arzt, Internist – ein Ingenieur, der die einzige Autoreparaturwerkstatt der Gegend leitete – ein Buchhändler – ein junger Künstler, dessen Vater Funktionär der SED war. Später in den 70er und 80er Jahren schrumpfte der Kreis: Der Arzt war in den Westen gegangen, die Ehen der beiden Jüngsten waren gescheitert, als Gesprächspartner blieb der Ingenieur. Von ihm später mehr. – In jener Gemeinde war es möglich gewesen, einen kirchlichen Kindergarten durch den Wechsel der Zeiten hindurch zu erhalten. Da es andere Einrichtungen gleicher Art in staatlicher Trägerschaft gab, war der Besuch dieses Kindergartens für die Eltern ein Akt des Bekenntnisses. Sorgenvoll aber fragten sie: Was solle man tun, wenn es im Beruf aufwärts ginge und man in die Partei eintreten müsse? Dann war der Schein, der den Kirchenaustritt belegte, beizufügen.

Der Hausvater, der in Jena Gottesdienst hielt, hatte auf die Aufforderung, das zu unterlassen, geantwortet: „Ich weiß, so werde ich nie Professor. Aber daß meine Kinder mit Gottes Wort aufwachsen, geht für mich vor." – Man tat ihm nichts, er blieb aber ewiger Assistent. – Ein Sohn von Gottfried wurde Elektroniker. Er wolle nicht studieren. Es müsse in einem Arbeiter- und Bauernstaat erlaubt sein, Arbeiter zu bleiben. Gemeint war: Wer auf der sozialen Leiter aufsteigt, wird erpreßbar. Wer wirklich frei leben will, bleibe also „unten". Er hielt jedoch nicht lange durch. Nach seiner Verlobung mit einer Professorentochter machte er in Abendkursen Abitur und qualifizierte sich nach einem Fernstudium „mit Auszeichnung" zum Diplom-Ingenieur.

Ostberlin

Wenn wir uns in Berlin mit Gottfried trafen, so einmal auch anläßlich einer Tagung ehemaliger Studenten der KIHO (Kirchlichen Hochschule) in Ostberlin, führte mich Gottfried in das Haus eines anderen Professors. Der hatte berühmte theologische Ahnen, eine erste Frau, die mit ihren Kindern nach Westberlin gegangen war, und eine zweite Frau mit zwei Töchtern, eine Schulfreundin von Gottfrieds Frau aus Leipzig. Hier lernte ich einen bedeutenden Mann mit später schwerem Schicksal kennen. Viele Ärzte waren in den Westen gegangen, er nicht. Er wollte die Menschen in der DDR nicht im Stich lassen. Der Wissenschaftler war glänzend informiert, ihn erreichten Bücher und Zeitschriften aus aller Welt. Manche Gespräche führte er nur auf Spaziergängen außerhalb des Hauses. Er erwähnte gegenüber Gottfried und mir „Ansammlungen von Fässern neben Flugfeldern". Unsere Phantasie vermochte mit diesen Hinweisen aber nichts anzufangen.

Ich greife zeitlich vor: der Mediziner war nicht in der Klinik, sondern in der Forschung tätig. Er sollte Methoden finden, die das Vorhandensein von chemischen Kampfstoffen nachzuweisen vermochten. In einem Gespräch mit einem Offizier, der auch Arzt war, erfuhr er von einer neuen Erfindung, die seiner Ansicht nach dem Osten einen kriegsentscheidenden Vorteil zu verschaffen in der Lage sein könnte. – Um das Gleichgewicht der Weltmächte zu erhalten, spielte er die entsprechenden Informationen dem Westen zu, 1967 wurde er verhaftet. Die Anklage forderte die Todesstrafe. Er wurde aber zu lebenslänglicher Haft verurteilt, später zu 15 Jahren begnadigt. Nach zehn Jahren, einem Monat und einem Tag wurde er vom Westen freigekauft. Er erzählte dem „Spiegel" seine Geschichte und hat dann noch bis 1993 in Westberlin gelebt. Mit den Fässern an den Flugfeldern hatte er uns harmlose Zeitgenossen auf Gefahren durch chemische Kampfstoffe hinweisen wollen. – Welche Konflikte verschiedener Loyalitäten hat dieser Mann in sich durchgefochten! Sein Christentum wies ihm seinen Weg. Er hat die Konsequenzen auf sich genommen. Ich komme auf ihn noch zurück.

Rückblick auf die 60er Jahre: Waffendienst der Christen, Mauerbau

Seit die Jugendpfarrer aus Thüringen und Hessen sich in Berlin trafen, hatte die Frage des Waffendienstes für Christen nach der nationalen Katastrophe unseres Volkes eine wichtige Rolle gespielt. Die Christen im Osten erreichten nicht, daß ihre Verweigerer vom Wehrdienst freigestellt wurden. Sie wurden zum Dienst in Baukompanien eingezogen. Man sprach damals noch nicht davon, daß der Dienst ohne Waffe „das deutlichere Zeichen" des Glaubens sei. Aber die dahinterstehende Auffassung wurde schon früh spürbar. Die Christen im Westen, die den Waffendienst bejahten, machten es den Total-Verweigerern im Osten schwer, ihre Haltung als die für den Glauben allein mögliche darzulegen. – Nach einer Diskussion über diese Fragen veröffentlichte ich 1963 einen Aufsatz im „Deutschen Pfarrerblatt" mit dem Thema: „Was kostet es uns, daß wir mit der Bombe leben?" Ich ging von den Gegebenheiten aus und stellte die Fragen zusammen, mit denen jeder, egal welchen Standort er einnimmt, sich auseinandersetzen muß. Es kam dabei heraus, daß jede Entscheidung möglicherweise Folgen haben kann, die nur mit Schmerzen zu verantworten wären.

Der Mauerbau in Berlin hatte die Folge, daß es auf längere Zeit so gut wie unmöglich wurde, daß ein Ostpfarrer uns im Westen besuchen konnte. So blieb Gottfrieds Auftreten auf einem hessischen Jugendtreffen im Jahr 1960 ein Einzelfall. Wir konnten auch nicht mehr in Ostberlin übernachten. Bei unseren Treffen fuhren wir früh von West-Berlin hinüber und kehrten abends zurück.

Die 70er Jahre: Wiedersehen mit Vorpommern

Ende 1971 verließen wir nach knapp zwölfjähriger Dienstzeit Marburg und wechselten nach Schleswig-Holstein. Ich wurde Pastor im Nordseebad St. Peter-Ording. Fünf Jahre später holte mich der Bischof als Propst für den Kirchenkreis an seinen Dom in Schleswig. Dies hatte zur Folge, daß nun meine eigene Heimat mein kirchliches Patengebiet wurde.

Besuch der alten Heimat

Der Pate der Gemeinde St. Peter war ein etwa 60jähriger Herr in St. unweit von Stralsund. 1972 fuhr ich mit Bahn und Bus in den Kreis Demmin und näherte mich dem Ort meiner Geburt zu Fuß. Zu meiner großen Überraschung fand ich das Grab meines Vaters tadellos erhalten und frisch bepflanzt. Mir kamen die Tränen.

Mein nächster Weg führte mich ins Pastorat. Ich war auf dem Pastorenkonvent nahe Stralsund dabeigewesen, wie dort der künftige Pastor von Kartlow verabschiedet wurde. Nun besuchte ich ihn. Mit seiner ruhigen und festen Art gewann er das Vertrauen der Menschen. Er wurde später Stellvertreter des Superintendenten. – Im Anbau an das Pastorat lebten noch die Witwe und der Sohn des Pastors, der mich 1944 getraut hatte. Der Sohn war lange Katechet und versieht nun als Rentner den Dienst des Küsters. Er wußte, wer das Grab meines Vaters gepflegt hatte. Da diese Menschen alt geworden waren, beauftragte ich einen im Ort lebenden Gärtnermeister mit der Grabpflege. Als der einige Jahre später sein Handwerk aus Altersgründen aufgab, gewann ich Otto für diese Aufgabe. Dieser Mann war in Kartlow geboren. Im Krieg begann er eine Lehre im Kutschstall bei den Pferden. Auch seine Frau Ida kannte ich. Sie war bei uns Hausmädchen in der Zeit, als ich 1944 als Verwundeter in der Heimat war und heiratete. Otto ist ein richtiger Pommer. Nichts kann ihn aus der Ruhe bringen. Sehr genau sieht und beobachtet er die neuen Herren des Landes, zum Beispiel die Vorsitzenden der LPGen. Da stimmen Worte und Handlungen nicht immer überein. Aber das ist so neu nicht. Otto hat es nie zu einem Amt gedrängt. Er wird jedes System überleben. Und da ihm Ehrgeiz nicht angeboren ist, wird er immer mit eigenem Kopf denken und nicht ohne Not nachreden, was ihm andere vorreden.

Der zweite Weg führte mich in die Wohnung des längst verstorbenen Kutschers. Dort traf ich dessen Tochter an und ihren Mann, unseren letzten Förster. Der war Neusiedler geworden und besaß dank der Ersparnisse der selbständigen Jahre sogar einen Trabant, der freilich nur selten benutzt wurde. Aber bei diesem ersten Besuch fuhr er mich am Abend zurück zu meinem Paten-Pastor. Der Förster war nach dem Krieg im Rat der Gemeinde. So konnte er dafür sorgen, daß zum Beispiel die Bäume am Kirchsteig, die in der Not des ersten Nachkriegswinters alle verheizt worden waren, durch neu gepflanzte ersetzt wurden. Und dann führte mich mein Weg in die Imkerei, die nun einer kinderreichen Familie als Wohnung zugewiesen worden war. Die Großmutter im Haus war Hausmädchen bei meiner Mutter gewesen, als ich klein war. So betrachtete sie mich halb als ihr Kind. Sie hatte sich später unglücklich verheiratet. Nun lebte sie in der großen Familie ihrer einzigen Tochter. Der Mann fuhr Gabelstapler im Jarmener Betonwerk. Die Söhne arbeiteten, einer beim Rindvieh, die anderen auf den Feldern der LPG. Hier begegnete ich richtigen DDR-Bürgern, die auch zwischendurch ihrer Wehrpflicht genügten, und die in ihrer Jugend zur Jugendweihe gegangen waren. Ich fragte: „Ist das dasselbe wie die Konfirmation?" – „Daß das nicht dasselbe ist, weiß ich sehr gut. Aber wir leben hier, man will doch seinen Kindern keine Steine in den Weg legen." Ein andermal: „Die haben hier die Gräben längs des Waldrandes geräumt. Im Frühjahr. Und der Aushub liegt auf der Wiese, die Gras bringen sollte, nun schon Monate. So wird hier gearbeitet. Deshalb können wir uns für unser Geld soviel weniger kaufen wie Sie für das Ihre." Im

Kreis dieser Familie konnte es spannend werden. Großmutter ließ auf die alte Zeit nichts kommen: „Ich war 14, als ich zu euch ins Haus kam, meine Eltern waren tot. So wurde für mich eure Mutter zur ‚Mutti'. Das vergesse ich nicht." – Meine Mutter war auch die Patentante der Hausfrau.

Neue Patengemeinde St. bei Stralsund

Der Pastor in St. hatte sich auch nach 25 Jahren nicht in der DDR eingelebt. Als Ende der 50er Jahre die selbständigen Bauern seiner Dörfer in die Großbetriebe gezwungen wurden, hatte er für sie gekämpft. Er sagte: „Meine alte Gemeinde lebt heute im Westen." Die Bauern ließen sich nicht in das Leben eines Tagelöhners pressen, sondern verließen die Heimat. Der Pastor aber mußte seine systemkritische Haltung büßen. Konfirmanden machten nachmittags keine weiten Wege mehr. Zur Schule wurde man ja im Bus geholt. So verlegte der Pastor seinen Unterricht in eine Wohnstube der jeweiligen Außendörfer, er kam zu seinen Gemeinden. Es gab aber Bürgermeister, die ihm das unmöglich machten: Kollektivierung bedeutet ja unter anderem, daß es, abgesehen von einigen Handwerkmeistern in Kleinstädten, unabhängige Existenzen nicht mehr gab. „Wenn ich noch einmal sehe, daß du den Pastor bei dir Unterricht abhalten läßt, dann …" Solche Drohungen waren wirksam …

Daß mein Pate bei den politisch Mächtigen kaum wohl gelitten war, berührte auch mich, den Gast. Damals hatte jeder Hausvater ein „Hausbuch" zu führen, in das er mit allen Daten und Nummern des Ausweises jeden einzutragen hatte, der in seinem Haus übernachtete. Mein Gastgeber hatte ein solches Buch nicht. Es führte für ihn die Sekretärin des Bürgermeisters in der Nachbarschaft. Es war nicht ohne Reiz dabei zu sein, wie der Pastor eine Nachbarin besuchte, diese ihm aber zu verstehen gab: „Du bist meiner Aufsicht unterstellt." – Am ersten Morgen brachte mein Pate mich zur Anmeldung bei der Volkspolizei in Stralsund. Dort lernte ich einen für mich neuen Typ einer

Behörde kennen: Nachdem am 17. Juni 1953 manche Polizeistation gestürmt und ihrer Akten durch Feuer verlustig gegangen war, waren die Dienststellen nicht mehr frei betretbar. Man hatte sich in einem nach Eintritt rundum verschlossenen Raum durch ein Panzerglas bei einem Beamten zu melden, der die Papiere prüfte. Erst dann ging die Tür nach innen auf, und man konnte die zuständige Meldestelle aufsuchen. – Während ich diese Prozedur über mich ergehen ließ, hatte der Pastor anderes vor: Er war früh aufgestanden und hatte, Anfang Mai, mehrere Arme voll Osterglocken in seinem großen Garten gepflückt. Diese brachte er einem Blumenstand auf dem Markt. Dort zahlte man ihm 50 Pfennig je Blüte, um sie dann für eine Mark zu verkaufen. Der alte Herr lächelte verschmitzt: „So habe ich heute früh schon fast ein halbes Monatsgehalt verdient ..." – Der Pastor hatte als Witwer eine viel jüngere Kirchenmusikerin geheiratet. Als er in den Ruhestand ging, wollte er in den Westen zu Verwandten ausreisen. Man ließ ihn monatelang auf gepackten Koffern sitzen. Schließlich erfuhr er hinten herum:

Seine Frau sei ja noch ein arbeitsfähiger Bürger. Deshalb hätte er in der DDR zu bleiben. – Die Partei hatte ein gutes Gedächtnis und bewies ihre Menschenliebe nicht gegenüber jedermann.

Dann besuchte ich den dortigen Pastorenkonvent. Der Superintendent hatte zuvor gesagt: „Es ist nicht erlaubt, den ‚Gast aus der Ökumene' bei sich öffentlich auftreten zu lassen."

Ein junger Pastor lud mich zum Abendgottesdienst am Himmelfahrtstag ein. An der Kirchentür hing ein Zettel mit dem Hinweis: „Wir treffen uns im Pfarrhaus." Er war am Nachmittag herumgegangen und hatte extra eingeladen. Die Stube war gedrängt voll. Nach einer kurzen Andacht hieß es dann: „Wir haben einen Gast. Sie können ihm Fragen stellen ..." Die erste Runde dauerte etwa zwei Stunden. Ein kleiner Kreis blieb bis Mitternacht. – Der Superintendent aber hat später zu dem Pastor gesagt: „Wenn es Ärger gibt, ist das alleine Ihr Problem." Woraus der Gast lernen konnte: Der Staat benutzt kirchliche Aufsichtsämter, um junge Pastoren zu disziplinieren.

Auffällig war, wie unterschiedlich der Zustand der kirchlichen Gebäude war. Wer in der DDR die „erweiterte polytechnische Oberschule" mit Erfolg (Abitur) besucht hatte, besaß den Facharbeiterbrief meist eines handwerklichen Berufes. Das hatte zur Folge, daß diese jungen Leute in der Lage waren, notfalls selber Hand anzulegen. Ich sah einmal, wie Samstag früh der Pastor mit fünf jungen Leuten sein Kirchdach mit den vom Westen gelieferten neuen Ziegeln eindeckte. Bei meinem alten Herrn sah das freundliche alte Haus dagegen etwas baufällig aus. Man sage also nicht, die DDR hätte der Kirche nur Schaden zugefügt!

Die Hilfe der westlichen Paten war zu spüren: Alle Autos der Pastoren, viele Zentralheizungen und andere Installationen wurden über GENEX vom Diakonischen Werk im Westen bezahlt. Der Haushalt der Landeskirche „Greifswald", wie die Pommersche Kirche sich nennen mußte, „weil Pommern jetzt zu Polen gehört", nährte sich zu mehr als 50 Prozent von Zuschüssen aus der Nordelbischen Kirche. Das gilt jedoch nicht für die Haushalte der Gemeinden.

Ich erlebte in dem Dorf meines Paten eine bischöfliche Visitation. Der Gemeindesaal war voll. Der Bischof gab einen Überblick über die Probleme der weltweiten Christenheit. Er selber war in Skandinavien und Amerika gewesen. Es herrschte eine freundliche Stimmung. Jeder erwartete jedoch, daß der Bischof auch etwas zur eigenen Situation der Kirche in diesem Land zu sagen habe. Hierzu gab es jedoch nur Schweigen. Und was mir auffiel: Die Bundesrepublik kam in dem Rundblick nicht vor. Auch dort war der Bischof gewesen. Von dort erhielt er die meiste Hilfe, auch sein Auto.

Ab 1973 Einreise im eigenen Auto

Es hatte in Bonn einen Regierungswechsel gegeben. Willy Brandt erreichte durch seine neue Ostpolitik, daß ich ab 1973 im eigenen Auto einreisen durfte. Die Volkspolizei in Stralsund gab mir jeweils bei der Anmeldung für acht Tage gleich den Abmeldestempel. Das erhöhte meine Bewegungsfreiheit. Bis dahin hatte ich meine Besuche in Ostberlin anläßlich von Tagungen einplanen müssen. Jetzt besuchte ich alle Freunde in einer Woche: Zunächst lebte ich einige Tage im Haus des Paten. Von dort aus machte ich meine Runde im Heimatdorf. Dann aber fuhr ich in einem Tag über Ostberlin, wo ich möglichst am Wochenende zu Besuch kam, war doch die nun allein lebende Mutter (ihr Mann lebte verurteilt in Bautzen) der Töchter berufstätig. Am Nachmittag fuhr ich noch nach Halle, wo am Abend die Gesprächsrunde tagte, um am folgenden Tag in Jena hineinzuschauen. Von dort ging es dann über Eisenach zurück „in den Westen".

Von 1972–1976 war ich nicht Jugendpfarrer, womit die Treffen in Berlin entfielen. Ab Herbst 1976 war ich Propst in Schleswig. Nun gab es wieder in jedem Jahr einen Berliner Termin: Der Schleswiger und der Greifswalder Bischof luden ihre Pröpste bzw. Superintendenten je im November zu einer gemeinsamen Konferenz ein. Unser Bischof war in den 50er Jahren Landespfarrer der Inneren Mission und Leiter des Hilfswerks gewesen. Er kannte in Vorpommern fast jedes Pastorat und hatte den Grundstein für die erwähnten Hilfsaktionen gelegt. – Die Tagungen fanden je am Montag und Dienstag nach dem Totensonntag statt und begannen mit den Berichten der Bischöfe. Der Greifswalder sah alles immer sehr hoffnungsvoll und malte helle Bilder. Die anderen Farbtöne wurden dann von der Runde der Superintendenten in das Bild eingezeichnet. – Der genannte Bischof war ein freundlicher Mann, der, was seine Äußerungen anging, Unerfreuliches nicht gesehen zu haben schien. Da er sich später vom Staat hatte vorschreiben lassen, wen seiner Amtskollegen er zur Wiedereinweihung der Nikolaikirche im Juni 1989 in Greifswald einladen durfte, zwang ihn seine Synode bei der Wende zum Rücktritt. – Jahre später hörte ich folgendes, das mir diesen Mann in neuem Licht erscheinen ließ: Die benachbarte Mecklenburger Kirche hielt auf Abstand gegenüber dem Staat. Demgegenüber sagten sich die Pommern:

„Dies ist der Staat, in dem wir leben. Wir reden mit seinen Leuten im Vertrauen darauf, daß im Gespräch weniger wir als jene Funktionäre verändert werden." Das kann ich respektieren. Fragwürdig bleibt mir nur, daß, um jene Gespräche nicht zu belasten, der Bischof sich öffentlicher Kritik an seinem Staat enthielt.

Der Pate des Propstes in Schleswig war der Superintendent in Loitz, den es nicht mehr gab. Mehrere kleinere Kirchenkreise waren aufgeteilt worden. Ab Sommer 1978 gab es für mich aber ein Patenpastorat, das mit dem Auto nur zehn Minuten von Kartlow entfernt lag. Die neue Patengemeinde stelle ich im nächsten Kapitel vor.

Zu den Aufgaben eines Propstes gehört die Dienstaufsicht über seine Kollegen. Bei einer Amtsübergabe stellte sich heraus, daß ein Pastor das Westgeld-Konto einer vorpommerschen Pastorin verwaltete, zu der er aber gar keine Verbindung gehalten hatte. Das Konto wies regelmäßige Zugänge von der „Bruderhilfe" aus, jedoch seit längerem keine Abgänge. Ich war enttäuscht darüber, daß hier ein Westdeutscher seine Patenpflicht nicht ernst genommen hatte, hob das Geld bei der Bank ab und nahm es mit auf die nächste Pommernreise.

Ich traf die Pastorin bei ihrem Superintendenten und fragte sie, was sie sich für das Geld der Bruderhilfe wünsche. „Einen neuen Motor für meinen Wagen." Das Geld entsprach etwa dem Preis des Gewünschten. Da griff der Superintendent ein: „Aber wir werden doch nicht 1:1 Westgeld für Ostware geben!" Er nahm etwa 60 Prozent des Betrages an sich und erschien eine Stunde später mit dem Motor und hatte noch etwas Geld übrig. Was war geschehen? Ein Geschäft unter Freunden: Der Motor, auf den ein Antragsteller seit Jahren wartete, wurde dem gegeben, der in Westgeld zahlte, wobei der Verkaufende den vollen Ostmarkbetrag in die Kasse tat. – Man sieht: Unzureichende Versorgung der Menschen erzeugt Korruption. Sie spielt dem, der „gutes Geld" hat, Vorteile in die Hand.

Hierzu fällt mir aus Gesprächen mit dem Ingenieur und Kfz-Werkstattleiter ein, er sagte: „Wir müssen einen immer größeren Teil der uns zugeteilten Materialien anstatt an die Verbraucher denen unter der Hand geben, von deren Lieferung wir abhängen. Es ist unmöglich, in diesem System redlich zu bleiben."

Der Kirchturm in Kartlow

Die Schiefer-Eindeckung des Kirchturms war in trostlosem Zustand. Für eine Reparatur fehlte das Geld. – Nun hatte ich in Ostberlin eine Hypothek geerbt, über deren Zinsertrag ich nur sehr eingeschränkt verfügen durfte. Erlaubt waren: Grabpflege, Steuern, und es gab bei Aufenthalt im Land je Tag zehn Mark. Nicht erlaubt war, das Geld der Kirche zu spenden. Über 15.000 Mark hatten sich so angesammelt. Das sagte ich dem Pastor. Der meinte: „Da müssen Sie sich an Siegfried im Konsistorium wenden, das ist bei uns der Mann, der das Unmögliche möglich macht." Dieser Rat war gut. Siegfried sagte: „Na klar, das machen wir. Sie geben Ihr Geld für die Rettung der Marienkirche in Greifswald, und ich sorge dafür, daß derselbe Betrag aus unseren Mitteln nach Kartlow geht." Er hatte nämlich erreicht, daß ausnahmsweise auch Geldmittel von Sperrkonten westdeutscher Bürger für die Erhaltung der Marienkirche in Greifswald verwendet werden durften. So spendete ich zweckbestimmt für Greifswald und erhielt die Summe für den Kirchturm in Kartlow zurück. – Was da abgelaufen war, nennt man heute „Stasi-Kontakt". Jeder wußte, an wen er sich zu wenden hatte, wenn einem ein Paragraph den Weg versperrte. Man nutzte die guten Verbindungen dieser Leute zu Staat und Partei. Daß sich die „Staatssicherheit" um solche Dinge kümmerte, wußte ich nicht.

Das Pastorat in Kartlow

Siegfried war auch bei den Berliner Begegnungen dabei. Er sagte während einer Gesprächsrunde: „Daß uns unsere Gemeinden bei der Erhaltung der Kirchen und Pastorate so sehr im Stich lassen, gehört zur Erblast von Euch Patronen: Ihr habt durch jahrhundertelange treue Übernahme aller Baukosten unseren Gemeinden vollkommen abgewöhnt, selber für ihre Gebäude zu sorgen!" – In der Geschichte haben manche Dinge Folgen, an die zuvor niemand gedacht hat.

Übrigens sollte Kartlow jetzt in den 90er Jahren seine 750 Jahre alte Pfarrstelle verlieren. Die Entscheidung des Kirchenkreises sah so aus: Im Nordosten bleiben drei Pfarrstellen, Tutow-Siedlung, die Stadt Jarmen und für die zwölf Dörfer Völschow. Kartlow und Schmarsow bekommen in Zukunft keinen Pastor mehr. Und dann erwies sich das Pfarrhaus in dem alten patronatsfreien Bauerndorf Völschow als baufällig, nur unter hohen Kosten zu erhalten. In Kartlow dagegen steht ein kerngesundes und geräumiges Haus. Beschluß:

Der Pastor für die Dörfer soll in Kartlow wohnen. Völschow verliert seine Stelle! – Es kann eben doch mitunter ein Patron als engagierter einzelner mehr leisten als eine ganze Gemeinde, in der jeder zusieht, daß er nicht zuviel zum Gemeinwohl beisteuere. Zum „Patronat": Gutsbesitzer hatten ein Recht: den Pastor und Stelleninhaber aus den vorgeschlagenen auszuwählen – und eine Pflicht: Ihnen fiel die gesamte Baulast zu, waren sie doch oft die einzigen Steuerzahler in der Gemeinde. So hatten sie Kirche und Pfarrhaus zu erhalten.

Treffen mit Gottfried in Berlin

1978 reiste ich über Stralsund ein und traf Gottfried in der Nähe von Berlin. Er war – zusammen mit dem in der Wende als Hausherr von St. Nikolai in Leipzig bekannt gewordenen Superintendenten – im Vorstand der „Aktion Sühnezeichen" im

Kirchenbund der DDR. Sie veranstalteten Jugendbegegnungen, verbunden mit harter Arbeit, in ehemaligen Feindländern der Deutschen. Westdeutsche fuhren nach Israel und lebten in einem Kibbuz, Ostdeutsche reisten nach Polen und waren in Auschwitz und Majdanek tätig. Die „Aktion" hatte ihr Büro in Ostberlin in demselben Haus, in dem „Der Bund der evangelischen Kirchen in der DDR" sein Zuhause hatte. So betrat ich auch einmal diesen Bau. – Auf den Superintendenten komme ich noch zurück.

Heimatkunde in Sachsen und Thüringen

Dann lud Gottfried meine Frau und mich ein, unter seiner Führung Heimatkunde zu betreiben in Gegenden, die wir nicht kannten. In Dresden quartierte er uns bei einem befreundeten Ehepaar ein. Wir waren beeindruckt von der Schönheit des Blickes von den Brühlschen Terrassen, zumal im Gegensatz zur Eintönigkeit der nach dem Krieg neu aufgebauten Innenstadt. Unvergeßlich wurde mir auch die Schatzkammer der Kurfürsten mit ihrer Edelstein-Pracht. Der Unterschied zwischen dem kulturellen Klima in Preußen und in Sachsen hat seine Gründe. Der Abstand zwischen Arm und Reich gehört wohl zu den Gegebenheiten dieser Welt. – Wir waren dann in Meißen und Torgau. Ergriffen hat uns der Friedhof in Windischleuba. Seit unserer Jugend begleiten uns Verse der Balladen des Dichters Börries Freiherr von Münchhausen. Auf dem Friedhof liegt links der einzige Sohn, mit dem Auto tödlich verunglückt, daneben der Dichter mit seiner Frau: Beide schieden im Juni 1945 aus dem Leben. – Schließlich führte uns Gottfried in einen Buchenwald im ersten Maiengrün. Da standen mitten im Forst die Mauern einer großen gotischen Kirche, die hier einmal zu einem Kloster gehört hat. Es rührt einen an, wenn alte Kultur zur Erinnerung wird und die Schönheit der Natur übrig bleibt.

Der Ostberliner Professor 1978 in Schleswig

1978 besuchte uns der Ostberliner Professor in Schleswig. Er hatte zehn Jahre in schwerer Haft, davon vier Jahre in einer Einzelzelle, zugebracht. Und ich war der einzige seiner Freunde, der in jedem Jahr seine Frau besucht und mit den westlichen Gaben, wie Kaffee, beschenkt hatte. Er wolle danken. So sei hier der Ort, einiges aus seinen Erzählungen wiederzugeben: Durch seine guten Verbindungen als Enkel Adolf von Harnacks, dem Gründer der Kaiser-Wilhelm-Gesellschaft (heute Max Planck), war er 1945 in das Gesundheitswesen Sachsens in eine leitende Stellung berufen worden. Er erfuhr, daß die russische Besatzungsmacht alle TBC-Kranken in ein Barackenlager, sämtliche Gebäude ohne Heizung, verlegen wollte, und das bei einbrechendem Winter. Bei einem Gespräch im Beisein amerikanischer und britischer Offiziere habe er diesen Plan erwähnt, ohne auf das Heizungsproblem hinzuweisen. Das habe den Russen genügt, den Plan fallen zu lassen. – Ich fragte ihn, wieso er in der DDR aus aller Welt Zeitungen beziehen konnte. „Ich bin Wissenschaftler. Unser Staat tut alles, was er kann, für die Wissenschaft." So erhielt er den „Spiegel" von einem Institut für Bio-Amaurose in West-Berlin, wohinter sich sein Vetter verbarg. Wer griechisch kann, versteht: „Institut für Lebens-Blindheit".

Er habe einmal mit einem russischen Fachkollegen über die „Perspektive", also eine mögliche Zukunft, gesprochen. Wie könne man den Völkern Europas und der Welt zur Befreiung vom sowjetischen (und kapitalistischen) Joch verhelfen? Die Antwort sei interessant und empfindlich gewesen. „Kümmern Sie sich um Ihre Probleme." Die Öffnung des Sowjetsystems sei ausschließlich eine russische Angelegenheit. Jede ausländische Einmischung würde das Erreichen des Ziels nur behindern. „In diesem Punkt sind wir mit der bei uns herrschenden Partei solidarisch." – Im Prozeß gegen ihn haben drei Dinge eine belastende Rolle gespielt: Man habe ihm unterstellt, er sei nur deshalb im Lande geblieben, um westliche Geheimdienste zu beliefern. Dabei blieb man, obwohl man ihm keinen einzigen weiteren Kontakt mit westlichen Stellen habe nachweisen können. Außerdem sei es in der DDR immer die veröffentliche Meinung gewesen, daß sie mit Einsatz, Lagerung und Produktion von chemischen Kampfstoffen nichts zu tun habe. Dieser Punkt, um den ja alles ging, sei im ganzen Prozeß nicht erwähnt worden. So mußte die Anklage sich sehr winden und vieles konstruieren. – Fast das Leben habe es ihn gekostet, daß er für seinen Informantendienst Geld genommen habe. Dabei habe ihn nie ein Pfennig erreicht. Freilich:

Er habe das Angebot der Amerikaner, die Studienkosten seiner Söhne in Westberlin zu finanzieren, nicht ablehnen können. – Es bleibt die Frage: Hatte ich in diesem Professor nur ein Opfer seiner Gewissenhaftigkeit kennengelernt, oder war etwas dran an dem Vorwurf, er sei ein Agent des Westens und sonst nichts? Meine Antwort: Manche seiner Erzählungen aus der Zeit des Dritten Reiches wie auch die aus dem Jahr 1945, als die Russen meinten, sich aller TBC-Kranken durch deren Ableben entledigen zu können, lassen es für mich nicht ausgeschlossen erscheinen, daß der aus aller Welt Informierte auch weltweite Kontakte gehabt hat. Dennoch ist er für mich kein „Agent": Er diente nie fremden Interessen. Er handelte immer als ein Mann, der das Beste für das Volk erstrebte, zu dem er gehörte. Er hat dabei nie eigenen Vorteil im Auge gehabt, im Gegenteil: Um dem Weltfrieden – dem Gleichgewicht der Kräfte – zu dienen, hat er sich für einen langen Abschnitt seines Lebens zum Opfer gebracht. Er ist für mich verehrungswürdig.

1980 – 1988: Alte und neue Freunde

Die neue Patengemeinde Loitz

Seit Herbst 1976 lebten wir in Schleswig, die neue Patengemeinde war die Kleinstadt Loitz, am Nordufer der Peene gelegen. Die Straße jenseits der Peene-Brücke hieß „Preußendamm". Das erinnerte daran, daß die Peene von 1721–1815 die Grenze zwischen Schwedisch Vorpommern und Preußen gewesen war. Ob ich es noch erleben dürfte, daß die derzeitige willkürliche Grenze durch deutsches Land nur noch ferne Erinnerung sein würde?

1977 besuchte ich noch einmal den eben zur Ruhe gesetzten Paten bei Stralsund. Die Einreisegenehmigung im Jahr 1978 bekam ich über einen Nachbarn des Stralsunder Paten. Von dort fuhr ich nach Loitz. Es war Montag. Am Sonntag war Henry als Gemeindepastor eingeführt worden. Seine Mutter war zu Gast in der Familie mit zwei Töchtern. Anke, die Hausfrau, arbeitete im Demminer Krankenhaus als Chirurgin. Die Aufnahme in diesem Haus überraschte mich:

Ein Gast mehr, das stellte überhaupt kein Problem dar! Und abends wurde im Wohnzimmer eine Liege aufgestellt, fertig war das Nachtlager. Solche Unkompliziertheit war herzerwärmend. In diese Familie würde ich auch meine Frau mitbringen können. Deren Meinung war nämlich bisher: So ein Patenbesuch ist etwas halb Dienstliches, das läßt sich die Hausfrau gefallen, einen Gast schafft man schon unterzubringen. Wenn sich aber eine Frau ansagt, entstehen für die Gastgeberin mehr Probleme. „Die guckt sich womöglich meinen Haushalt an!" – Mit Henry und Anke verband uns bald herzliche Freundschaft. Er stammte aus Chemnitz in Sachsen, sein Vater war in einer Textilmaschinenfabrik beschäftigt gewesen, lebte aber nicht mehr. Anke stammte aus einem Potsdamer Arzthaushalt. Zu ihrer Gastfreundschaft trug auch bei, daß man in diesem Haus nicht so arm war wie sonst in DDR-Pastoraten: Die Pfarrgehälter waren auf dem Stand von 1935 eingefroren und lagen unter den Bezügen eines Facharbeiters. Ärzte aber waren vergleichsweise besser bezahlt. Zwar brachte der Westbesuch Geschenke mit, aber unbefangener geht es dort zu, wo es ein ausgeglicheneres Geben und Nehmen gibt. Noch ein Wort zu den Töchtern: Ulrike war damals drei oder vier, Claudia ein paar Monate alt. Wie sich zwei Jahre später herausstellte, war sie behindert, konnte nicht laufen. Das Kind war von der Brust abwärts gelähmt. Würde es überleben können? Der Vater wirkte bei der Betreuung der Tochter nicht nur mit, auf ihm ruhte die Hauptlast, die Mutter war ja täglich viele Stunden außer Haus. In dieser Familie war das Christentum nicht nur Theorie.

Das kirchliche Leben in Vorpommern auf dem Lande unterscheidet sich von dem in einer kleiner Stadt: In letzterer gab es auch in sozialistischen Zeiten noch etliche einigermaßen unabhängige Existenzen, auf die das Gemeindeleben sich stützen konnte: Im Kirchenvorstand waren ein Elektro- und Gärtnermeister, dazu die Inhaberin eines Pelzgeschäftes und eine im Ruhestand lebende Katechetin, deren Sohn Pastor war. Die Kinder und Enkel dieser Selbständigen konnten es sich auch leisten, nicht zur Jugendweihe, sondern zur Konfirmation zu gehen. – In besonderer Situation lebte man in dem Dorf Rustow: Hier war um 1929 ein Gut aufgesiedelt worden. Als Siedler wurden nachgeborene Bauernkinder aus Württemberg und Westfalen angesetzt, die alle evangelisch waren und in dem für sie fremden Land fest zusammenhielten. Das hatte sich auch erhalten, als diese Selbständigen um 1960 in die LPG gezwungen wurden. So hatte Henry noch eine Jugendarbeit und begleitete die Heranwachsenden. Bei einem Rundgespräch sagte jeder, welchen Beruf er oder sie ergreifen wolle. Zwei Mädchen wollten im Kindergarten arbeiten. Ich fragte Henry hinterher: „Sagst du den Mädchen, daß sie im Erziehungswesen nicht eingestellt werden, wenn sie sich zur Kirche bekennen?" – „Nein. Jeder muß seine Erfahrungen selber machen. Und es steht niemals vorher fest, woher der Wind gerade dann weht, wenn es für diese jungen Damen darum geht, hier oder anderswo akzeptiert zu werden." – In Rustow gab es eine kleine Kirche oder Kapelle mit einem Friedhof. Auf dem Friedhofs-Erweiterungsgelände gab es Arbeit für die Junge Gemeinde. Henry vermochte eine Sense zu führen!

Ich machte Besuche bei den Kirchenvorstehern. Die Eindrücke waren unterschiedlich. Neben engagierten Christen lebten auch gemäßigtere. Ein Handwerker fragte: „Können Sie nicht in Schleswig-Holstein dafür sorgen, daß in Lübeck ein Fernsehturm gebaut wird, der so hoch ist, daß wir hier in der toten Ecke der DDR Westfernsehen empfangen können?"

Loitz ist ein uralter Ort. Sein Name erinnert an den Stamm der Wenden, der einst hier siedelte, die Liutizzen. Bis Ende des 18. Jahrhunderts gab es ein herzogliches Schloß, das vor 300 Jahren einer Fürstenwitwe als Wohnsitz gedient hatte. Aus jener Zeit besaß die Kirche wertvolle theologische Bücher, in Schweinsleder gebunden.

Wie überall in der DDR war eine der ersten und zeitaufwendigsten Aufgaben der Pastoren, die kirchlichen Gebäude vor dem Verfall zu bewahren. Einmal saßen wir im Mai an Ankes Geburtstag um den Kaffeetisch. Da kam ein Lastwagen mit Zementsteinen für den Neuausbau des ehemaligen Stalles, der zum Pfarrhof gehörte. Der Kaffee wurde kalt. Wir waren über zehn Personen, bildeten eine Kette und luden binnen dreißig Minuten die Steine ab. Danach wurde die Geburtstagsfeier fortgesetzt. – Einige Jahre später hatte Loitz neue Dachziegel für seine Kirche aus dem Westen bekommen. Dabei wurde ein Teil des Dachstuhls erneuert. Selbstverständlich war es Pflicht des Pastors, den Zimmerleuten, wenn sie denn kamen, ein anständiges Frühstück zu bereiten. Als das Kirchendach fertig war, feierte die Gemeinde zusammen mit allen Helfern, Spendern und West-Besuchern ein Fest. Mich vertrat an dem Tag der Leiter unseres Diakonischen Amtes, der ebenfalls regelmäßig Loitz besuchte. Er berichtete:

„Loitz steht zu seiner Kirche, die das Städtchen wie eine Glucke beschützt. Für das Dach spendeten auch die, die die Kirche sonst nicht betreten. Und der Bürgermeister hielt eine Rede." – Henry sagte einmal: „Soviel Kraft stecke ich in die

Erhaltung von riesigen Gebäuden, die wir nie mehr füllen!?"
Und er erlebte in Rostock während der Wende, daß der Raum der
Kirchen kaum ausreichte!

Ein besonderer Abend hat Folgen

Etwa 1980 gab es bei Anke und Henry einen besonderen
Abend. Die klassenkämpferische DDR hatte den Gutsbesitzern
viel Ungutes nachgesagt. Und nun hatten meine Paten einen
von dieser alten Art kennengelernt. Sie luden ihre Freunde,
Ärzte und Pastoren aus der Gegend, ein und stellten mich vor.
Dabei kam heraus: Wer Menschen bei deren Sterben begleitet,
erfährt nicht selten, was dem, der sich verabschiedet, im Leben
wichtig geworden ist. Und fast regelmäßig hatte es dann gehei-
ßen: „Jetzt sitzen Sie hier bei mir. Früher kam in solchen Fällen Frau Gräfin oder eben die Gutsfrau."

Kurz: Alle Anwesenden hatten erfahren, daß das ihnen vermittelte Bild der Zeit der Güter zum mindesten unvollständig
gezeichnet war. Und nun fragten sie: „Wie war das hier auf den
Dörfern mit der Gutsherrschaft wirklich?" – Der Kern meiner
Aussage lautete:

„Es hat auf den Gütern in der Regel sowohl christlichen
Glauben als auch Fürsorge für die Arbeiterschaft gegeben. Und
die Gutsfrau, die sich an den Krankenbetten nicht von der Ge-
meindeschwester vertreten ließ, sondern selber kam, erfreute
sich hohen Ansehens. Wo es aber eine Schwesternstation gab,
bezahlte diese das Gut." Dieser Abend bei Anke und Henry
hatte Folgen. Ich entdeckte es als meine Aufgabe, der Pommerschen Kirche dabei zu helfen, eine gute Verbindung zwischen
alter und neuer Zeit zu finden. Seit 1984 erarbeitete ich, im
Auftrag der Großfamilie, die Geschichte meiner Vorfahren und
der meiner Vettern vom Jahr 1800 bis heute. Dieses Buch mit
über 500 Seiten und vielen Abbildungen geht auch auf die Fragen ein, die man heute an die alte Zeit der Gutsherren richtet.
Das Buch wurde 1990 auf Kosten der Familienstiftung ge-

druckt. Und ich schenkte zwei Dutzend Exemplare der heimischen Kirche – für die Superintendenten und die Pastorate, in deren Gebiet die Familie von Heyden einst gelebt und gewirkt hatte.

Zwischen den Jahren 1977 und 1985 begleiteten mich vier meiner fünf Kinder, nun erwachsen, auf meinen Pommern-Reisen. Wir besuchten die Höfe, auf denen Verwandte gesessen hatten – und deren Gräber. Die Nachkommen erfuhren, wo und wie die Vorfahren gelebt und gewirkt hatten. Diese neu entstandene Verbindung einer im Westen geborenen Generation hatte nach der Wende Folgen.

Abenteuer an der Grenze

In den Jahren ließ ich etwa 25mal im Jahr eine Predigt vervielfältigen und insbesondere an Freunde in der DDR verschicken. Da aber nicht jede Postsendung den Empfänger erreichte, fragte ich Henry in einem Brief, welche Texte er erhalten habe. Eventuell fehlende Exemplare wolle ich ihm mitbringen. – An der Grenze wurde ich herausgewunken. Ich solle alles Gedruckte, das ich mitführe, vorzeigen. Dazu zählte ich nicht eigene Predigten. Der Grenzer aber war anderer Meinung. Er suchte so lange, bis er die Texte gefunden hatte. Warum ich die nicht gleich hergezeigt hatte? Weil sie nicht gedruckt wären, außerdem wären es eigene Predigten, die ich auch im Kopf hätte, und den dürfe ich ja auch mitnehmen. – Es half kein Reden, er beschlagnahmte die „illegal eingeführten Drucksachen". Man vergaß schnell, wie aufmerksam die Post mitgelesen wurde.

Gottfried hält 1983 Vorträge in und um Schleswig

Im Martin-Luther-Jahr 1983 erhielt Gottfried die Erlaubnis zur Ausreise, um Vorträge über das Thema zu halten: „Die Erbe-Rezeption in der DDR – am Beispiel Martin Luthers." Gottfried hatte Jena verlassen und lebte nun, die Familie blieb in Jena zurück, in Ostberlin. Er war auf Zeit zum Geschäftsführer des Komitees des Bundes der evangelischen Kirchen für das Martin-Luther-Jahr bestellt worden und mußte die Pläne der Kirchen mit denen des Staates und der Gäste, ganz überwiegend aus USA und Skandinavien, aufeinander abstimmen; sich auch mit hohen Würdenträgern, die in den begrenzten Raum der Wartburg „ohne Ehefrau" geladen waren, auseinandersetzen, als einer erklärte: „Ohne meine Frau komme ich nicht." Woraufhin ein Stuhl mehr in den Saal gestellt wurde.

Gottfried hielt die Vorträge vor gut besuchten Sälen in Kiel und Husum, zuletzt in Schleswig. Hier ärgerte er sich über den Gesprächsbeitrag eines Vertreters des „Unteilbaren Deutschlands", einer CDU-nahen Organisation, die gegen die Anerkennung der DDR war. Er fühlte sich vereinnahmt etwa in dem Sinn: „Daß Sie als Mann der Kirche westliche Gesichtspunkte zu vertreten haben, dürfte sich doch wohl von selbst verstehen." Gesagt wurde das nicht, aber man mochte ähnliches aus Zwischentönen heraushören. Jedenfalls: Gottfried explodierte und hielt eine Rede, in der er sich sehr nachdrücklich für die östliche Sicht des Auftrags der Kirche und der Gesellschaft einsetzte. – „Da haben Sie aber einen temperamentvollen Freund. Zwischen Ihnen muß es ja eine fruchtbare Spannung geben, ob da auch manchmal die Funken stieben?" – Es hat in über dreißig Jahren wohl viele Fragen, aber nie Mißverständnisse oder „Funken" gegeben.

Nach diesem Besuch habe ich Gottfried längere Zeit nicht gesehen. Jetzt haben wir wieder Kontakt, da uns die Arbeit an diesen Erinnerungen erneut zusammenführt.

Von Gottfried hörte ich den besten Witz, den die DDR hervorgebracht haben mag: „Wer hat eigentlich den Sozialismus erfunden: Die Wissenschaft oder die Partei? Natürlich die Partei. Die Wissenschaft hätte das doch erst mit Karnickeln ausprobiert!"

Claudia

Es sei noch ein Wort zu Claudia, der behinderten Tochter von Anke und Henry gesagt. Dieses Kind, heute ist sie eine junge Dame von 17 Jahren, entwickelte sich auf eine besondere Weise: Sie weiß, daß Kinder mit dieser Diagnose in der Regel kaum 14 Jahre alt werden. Dank der Zuwendung der Eltern durfte sie erwachsen werden. In dieser Situation formte sich in ihr ein ausgeprägter Charakter. Als sie die Schule besuchen sollte, erforschten die Eltern, was möglich sei. In der Bezirkshauptstadt Neubrandenburg gab es eine Schule mit Internat für Behinderte. Dort verlangte man: Claudia muß im Internat wohnen, auch wenn die Eltern umziehen und sich Stellen am Ort suchen. Damit waren die Betroffenen nicht einverstanden. In Rostock fanden sie einen Schulleiter, der sagte: „Wenn Sie zuverlässig dafür sorgen, daß Claudia täglich gebracht und abgeholt wird, darf sie weiter bei Ihnen leben. Bei uns bekommt sie zusätzlich ein Bett, damit sie mittags ruhen kann." So geschah es. Henry fand eine Pfarrstelle in Rostock und Anke eine Station in der Chirurgie. Und wir fuhren ab 1985 über Rostock nach Vorpommern. Ankes Familie bezog eines der ältesten Häuser der Stadt, unmittelbar unter dem Ostchor der Nikolaikirche gelegen. Von Rostock hören wir mehr in den Kapiteln über die Wende und die 90er Jahre. – Ich lebte ab 1987 im Ruhestand.

In den 80er Jahren fuhr ich nicht mehr in jedem Jahr auch nach Halle und Jena. In Halle war der Hausherr gestorben und die verwitwete Hausfrau zu ihrer Tochter nach Saarbrücken gezogen. Und Gottfried lebte jetzt überwiegend in Berlin.

Die Wende

Die Kommunalwahl
im Mai 1989 und ihre Folgen.
Henry: „Ich werde mutiger."

Im Mai 1989 war ich in Rostock bei Henry und Anke. Es war gerade vor einigen Tagen Kommunalwahl gewesen. Bei der öffentlichen Auszählung notierten Gruppen kritischer Leute die Zahl der abgegebenen und der Nein-Stimmen. Sie trugen ihre Notizen aus den verschiedenen Wahllokalen zusammen und stellten fest, daß es in einigen Bezirken über 20 Prozent Nein-Stimmen gab. Am nächsten Tag meldete die Zeitung jedoch: Überall 98 Prozent Ja-Stimmen. Die Menschen waren erregt und empört. Henry sagte: „Wir lassen nicht alles mit uns machen. Ich werde jetzt mutiger." Die letzte Bemerkung bezog sich auf eine frühere Äußerung von ihm: „Es gehört zu den Grundbedingungen aller Pläne für unser Land: Wir richten nichts gegen den Willen der herrschenden Partei aus. Wir müssen jeder, da wo er lebt, mit den Vertretern der Macht reden. Wir müssen sie fragen, ob sie dies und das, was jeder an Fehlentwicklungen sieht, wirklich wollen usw. Wir müssen überzeugen. Von welchen falschen Annahmen jene ausgehen, das muß ihnen selber aufgehen. Durch eventuelle illegale Aktivitäten schaden wir nur uns und der Kirche." – So wurde die Wahl im Mai 1989 für Henry der Anlaß, daß er das, was ihn bewegte, nicht nur den Mächtigen gegenüber ins Gespräch brachte: Er stellte nun auch in seinen Predigten Fragen und sprach die Dinge, die jeden bewegten. So gehörte er denn auch zu dem Personenkreis, der zu gegebener Zeit von der Staatssicherheit in einem Lager interniert werden sollte.

Der Pastor als Hausherr
von „Gruppen kritischer Christen"

Nach der Kommunalwahl im Mai 1989 begannen die „Gruppen kritischer Christen", die sich oft schon in früheren Jahren gebildet hatten, eine größere Rolle zu spielen. Die Gemeinderäume und die Kirchen waren die einzigen Orte, wo sich Menschen zum Gedankenaustausch treffen konnten, ohne vom Staat bevormundet zu werden. Die Pastoren hatten das Privileg, an anderes glauben zu dürfen, als die Partei vorgab. Dabei aber hatte man kirchlicherseits darauf Wert gelegt, sich nicht als „5. Kolonne des Westens im Osten" zu verstehen. Nun aber kamen die Fragen, ganz unabhängig vom Westen, unabweisbar innerhalb des Ostens auf die Menschen zu: Schon die Beteiligung der DDR-Truppen am Einmarsch der Sowjets in die Tschechoslowakei hatte die Bevölkerung erregt und gekränkt. Die Ausbürgerung des Liedermachers Biermann im November 1976 verstärkte die Verletzung des Rechtsgefühls der Menschen. Und in jüngster Zeit rückten die Umweltfragen in den Vordergrund, sie „stanken zum Himmel". Und dazu trat nun diese nicht einmal verborgene Manipulierung des Wahlergebnisses! Das war einfach mehr, als man bereit war hinzunehmen.

In der folgenden Schilderung mag mir der spätere Bericht des Leipziger Superintendenten etwas mit Henrys Berichten zusammenfließen, das ist jedoch sachgemäß: Von nun an waren es insbesondere die beweglichen Studenten der Leipziger Universität, die sich nach Beratungen in den Gruppen auf die Bahn setzten und Leipziger Ergebnisse binnen weniger Stunden befreundeten Gruppen an anderen Universitäten mitteilten. Dabei entstand ein Dilemma: Wie sollte sich der Pastor als Hausherr der Gemeinderäume oder Kirche, in denen beraten, gesungen und gebetet wurde, gegenüber den Aktivitäten verhalten, die meist nicht von ihm ausgingen, sich aber ereigneten und der Staatssicherheit bekannt wurden? Hatte sie doch ihr Ohr auch in den Gruppen. Der Staat griff nicht ein. Aber jeweils einen Tag nach der Montagsdemonstration in Leipzig und der Donnerstagsdemonstration in Rostock erschien ein Offizier der Stasi im Pastorat, oder in Rostock gab es eine Begegnung im Rathaus: Henry und andere Beauftragte der Gemeinden trafen sich mit Vertretern der Stadt, um Konfrontationen bei der Demonstration zu vermeiden. Als man den Pastoren Vorschriften machen wollte, erklärte einer von ihnen: „Nicht wir sind die Veranstalter, die Bewegung geht vom Volk aus!" Henry erzählte, er habe bei einem solchen Anlaß gefragt: „Was wollt ihr, zerbrechen sich diese Leute nicht im Grunde euren Kopf? Werden sie nicht nur deshalb aktiv, weil der Staat lebenswichtige Fragen schleifen läßt?"

Und nun wieder der Bericht aus Leipzig: Nach Meinung des Staates hatten die Superintendenten dafür zu sorgen, daß die Pastoren „artig" blieben. Ihnen gegenüber wurde angedeutet: „Wir sehen uns das nur noch weiter an, wenn Sie als Hausherr dafür einstehen, daß die folgenden Bedingungen erfüllt werden." Und dann folgten Anweisungen, wie sie dem Rat der Stadt wesentlich erschienen. Hier erklärt sich im Bericht des Leipziger Superintendenten der mir zunächst rätselhafte Satz: „Ich habe überlegt, ob ich ein Schuldbekenntnis ablegen sollte, es dann aber doch bei diesem Hinweis belassen." Die Öffentlichkeit rühmte nach der Wende den Mut und das Geschick dieses Mannes, von dessen Nikolaikirche alles seinen Ausgang genommen hatte. Für ihn selbst aber stand vor Augen: „Zwischen den zwei Feuern, der Bürgerrechtsbewegung und der Staatsmacht, mußte ich oft Kompromisse schließen, deren ich mich hinterher schämte! Habe ich mich für die zweifelhafte Sache der Erhaltung des Bestehenden einspannen lassen? Werde ich mein Ziel erreichen: Diese Bewegung möge am Leben bleiben, weil sie uns alle mit Hoffnung erfüllt?"

Die Ziele der fragenden Gruppen

Übrigens: Das Ziel der Arbeit der „Gruppen kritischer Christen" war nicht unser vereinigtes Deutschland. So weit hat kaum einer gedacht. Sie wollten sich von dem Staat, den sie mehr oder weniger als den ihren betrachteten, nicht länger gängeln und für unmündig erklären lassen. Erst als die im Grunde loyalen Fragen jener Gruppen das Selbstbewußtsein der Vertreter des Regimes untergraben und weichgeklopft hatten, konnte die Bewegung der Massen *ihr* Ziel ansteuern: Die Angleichung der Lebensverhältnisse der Menschen in Ost und West in einem Staat, und zwar dem der Bundesrepublik. Dabei ging manches Ideal der kritischen Gruppen über Bord. Es haben sich im Herbst 1989 Stimmen erhoben: „Aber laßt uns doch noch einmal mit unserem kritischen Verstand versuchen, den Sozialismus zu leben!" Dem wurde ernüchtert und ernüchternd geantwortet: „Wir waren für eure Ideale vierzig Jahre die Versuchskaninchen. Das reicht!"

Belastet jeder Kontakt mit der Staatsmacht?

Diesen Prozeß vor Augen frage ich: Kann die Tatsache als solche, daß ein Pastor in dieser Zeit Kontakte hatte, mehr oder weniger erzwungene, mit der Staatsmacht oder der Stasi, wer konnte das unterscheiden, ihn belasten? Meiner Ansicht nach kann dies nur der Betroffene selbst beantworten. Und vor den Männern, die damals ihr Amt so wahrgenommen haben, daß am Ende das vereinigte Deutschland stand, muß sich wohl manch „rascher" Journalist und Bücherschreiber schämen. Ich halte auch nicht viel von den Vorwürfen gegen den heutigen Ministerpräsidenten Stolpe. Ich habe mit eigenen Ohren folgende Bemerkung eines Pastors gehört: „Auf Wiedersehen, liebe Frau, ich habe jetzt Dienst. Bedenke, wenn ich nicht wiederkomme, Stolpe anrufen!" Der das sagte, war weder Revolutionär noch Held. Nur, er war auch „etwas mutiger" geworden und wußte, es könne ihm „etwas zustoßen". Und bis in die Pommersche Kirche war der Ruf von Manfred Stolpe gedrungen: Wenn einem Mitarbeiter der Kirche von der Staatsmacht Schlimmes droht, ist er der Mann, der helfen kann. (Übrigens ist er Greifswalder. Sein Vater kam als Angestellter der Kirche

1945 von Stettin nach Greifswald.) Dabei wußte auch jeder, daß sich die Partei kein Opfer ohne jede Gegenleistung entreißen ließ. Es war aber bekannt, wem die Loyalität von Manfred Stolpe letztlich gehörte.

Am 3. Oktober 1990 schrieben Anke und Henry an ihre Partner und Freunde im Westen einen mir unvergeßlichen Brief: Sie bedankten sich dafür, daß so viele Menschen die Fragen, Kontrollen und Schikanen der Grenzbeamten jahrzehntelang auf sich genommen hätten, um ihnen Nähe und Verbundenheit zu bezeugen und manche Hilfe zu leisten. Dadurch wären ihnen schwere Jahre zu einer reichen Zeit geworden.

Demonstration in Rostock

Wir hielten telefonisch Kontakt. Ich hörte von den Donnerstagsdemonstrationen in Rostock und fuhr im Februar 1990 einfach mal hin. Die riesigen mittelalterlichen Kirchen waren nun brechend voll. Die Rostocker Pastoren einigten sich jeweils auf die Lieder, Lesungen und Texte für die Ansprachen. Es sollte nicht die Kirche mit dem zugkräftigsten Programm überlaufen werden. Drei Gruppen von Texten haben damals vor anderen eine prägende Rolle gespielt:

Die Geschichte des Auszugs aus Ägypten mit dem Ziel: Gelobtes Land! – Die Psalmen, in denen der Betende das, was ihn bewegt, vor Gottes Ohren bringt. – Und die Seligpreisungen der Bergpredigt, in denen der gespriesen wird, der sich nicht einfach mit Gewalt das nimmt, was er für sein Recht hält. – Die Andacht dauerte eine gute halbe Stunde, dann formierte sich die Demonstration von St. Peter und St. Marien her strömend als ein langer Zug der Tausenden. An diesem Februarabend umringte und umzog die Masse das Rathaus und sang zu einer gängigen Melodie: „Lieber Rat der Stadt, tritt zurück, regiere kommissarisch." – Es war die Zeit vor der Wahl zu den Parlamenten der neuen Länder im April 1990. Die Stimmung war die eines Festes, locker und fröhlich. Als einige Wochen zuvor die Stasi-

Zentrale gestürmt worden war, sei es kaum anders gewesen. Ich fragte Henry: „Woher seid Ihr so sicher, daß jene Macht abdankt oder schon abgedankt hat? Ich erinnere mich an den preußischen König, wie der sich 1848 in Berlin verhielt: Er gab das zu, was unbedingt gefordert wurde, und einige Zeit später marschierte der alte Wrangel in die Stadt ein, und der König vergaß seine Zusagen." Henry: „Das wissen wir einfach. Das Kartenhaus ist zusammengebrochen, das baut sich nicht wieder auf."

Zu Pfingsten waren wir als Gäste von Henry und Anke unterwegs: Sie zeigten uns die Schönheiten des Landes: Hiddensee, die Parks in Potsdam und Wörlitz. Daß wir in Sanssouci schon als Kinder waren, setzten sie voraus. – Im September feierten wir die Hochzeit unseres jüngsten Sohnes. Henry, Anke und Claudia kamen zum Gottesdienst und zum Empfang. Auch hatten uns unsere „Paten" im Winter besucht, als es auf dem Rathaus für jeden Ostgast das Begrüßungsgeld gab. – Im Kreis Demmin aber ließ ich mich in dieser Zeit kaum sehen. Es waren zu viele unterwegs, um alte Rechte einzufordern. Das wollte ich, zunächst, nicht.

Meine „alten Rechte" erwachen zu neuem Leben

Im Jahr der Wende 1990 stellte sich wohl jeder im Gebiet der späteren DDR Enteignete die Frage: Welche Verpflichtung gegenüber den Menschen der alten Heimat habe ich? Und wie verhalten sich diese Pflichten zu den Rechten, deren mich klassenkämpferischer Haß entledigt hat, die nun aber wieder aufleben könnten? Ich fühlte mich abgestoßen von der Bedenkenlosigkeit, mit der sich viele Gauner, aber auch mancher Erbe alter Rechte, ins Gewühl stürzten, um etwas für sich zu gewinnen. In den vergangenen vierzig Jahren war es mir immer um die Menschen und nie um wiederzugewinnenden Besitz gegangen. Zu letzterem sah ich weder eine Chance noch einen zwingenden Grund: Ich konnte den Menschen nur etwas sein, wenn ich persönliche Ansprüche zurückstellte. Wer Ansprüche nicht erhebt, verliert der sie? Im Sommer 1990 wurde ich mehrfach von Landwirten, die mich und meine Geschichte kannten, angesprochen: „Du hast da doch ein Erbe, das du persönlich nicht wirst in die Hand nehmen wollen. Wie wäre es, wenn ich das für dich täte?" Ich reagierte zurückhaltend, fuhr dann aber doch nach Vorpommern und stellte dieselbe Frage verschiedenen Freunden und Bekannten: „Ich weiß, daß man in diesem Land die Bodenreform als Schritt nach vorn gewertet hat. Wie beurteilt ihr es, wenn jetzt Alt-Besitzer in dieser oder jener Form hier wieder auftauchen?" Ich zitiere aus Antworten, die ich bekam:

„Wer das ist, der hierher kommt, ist egal. Aber er soll seine Sache verstehen und die Arbeitsplätze erhalten." – Zwei Wünsche, die sich nicht miteinander vereinbaren ließen. – Ein Schulleiter, der hörte, daß ich eine Schwiegertochter habe, die Religionslehrerin ist, meinte spontan: „Die Familie ist hier willkommen." – Eine Kirchenvorsteherin in der Stadt: „Ja, kommen Sie wieder. Ihre Familie hat viel für die Kirche getan. Sie waren in dieser Gegend doch Kulturträger."

Ein älterer Landwirt aus hiesiger Gegend, in Schleswig-Holstein, suchte mich auf: Er habe seinen Hof dem Sohn übergeben, er suche eine Aufgabe, er würde gerne nach Vorpommern gehen. Ich fuhr mit ihm nach Sarow im Kreis Demmin. Dieser Ort, mein väterliches Erbe, war das Zentrum einer fast 10.000 ha großen Wirtschaft gewesen, die man nun in drei Betriebe aufgeteilt hatte. Es gab eine Verwaltung, in der vier Leitende und insgesamt etwa ein Dutzend Menschen arbeiteten. Ich stellte mich dem vor, den ich zuerst traf:

„Ich bin der, der hier im Sommer 1945 sein Erbe hätte antreten sollen. Dürfen wir uns hier etwas umsehen?" – „Natürlich dürfen Sie sich umsehen. Aber wenn Sie mehr wollen, dann müßte erst der Einheitsvertrag geändert werden!" Man zeigte uns alles. Der „Agrarhof Sarow" hatte sogar schon einen westlichen Geschäftsführer angestellt, der Landwirt und Bankfachmann war, im übrigen aber eine zweifelhafte Existenz, die sehr bald von der Bildfläche verschwand. – Es war klar: Dieser Betrieb wollte überleben und nicht übernommen werden. Ich entschloß mich dann folgendermaßen: Ich möchte tun und bleiben, was ich hier in den letzten Jahren gewesen bin. Meine ererbten Rechte im Verbund mit noch vorhandenem Lastenausgleichsgeld trat ich meinen Söhnen ab. So wahrte ich das Interesse der Familie – und entlastete mich von dem Inspruchnehmen der Rechte, die vierzig Jahre lang für mich keine Rolle gespielt hatten.

Übrigens: Der Vorsitzende der Schleswiger Kreissynode war ein Schulrat i. R. Der fuhr in den Kreis Demmin und versammelte Lehrer, lud sie nach Schleswig zu Tagungen ein – und hat sich um das alsbaldige Aufleben des Religionsunterrichts im Bereich verdient gemacht.

Letzter Gruß der DDR

Ein Letztes zum Thema der Wende: Ich hatte mir von meinem Ostmark-Konto ein paar Hundert Mark abgehoben, um damit hier und da helfen zu können. So etwas war inzwischen möglich. Jedenfalls hatte ich drei Hundertmarkscheine, die ich bei der Schleswiger Bank in den Tagen der Währungsunion eintauschen wollte. Zu meinem Erstaunen lehnte man das ab. Dieses Geld habe hier keinen Wert, es könne nur im Gebiet der alten DDR eingetauscht werden. Ich tat die Scheine, noch einmal naiv, in einen Umschlag und sandte den Brief an Henry „für die Kollekte". Angekommen ist der Brief nicht. Der amtliche Mitleser hat das Geld gestohlen bzw. „als illegal eingeführte Zahlungsmittel" beschlagnahmt.

Die 90er Jahre:
Die Einheit bringt neue Themen

Demminer Gäste in Schleswig

Vom Frühjahr 1990 an verstärkten sich die Kontakte zwischen den Kirchenkreisen Schleswig und Demmin. So kamen Gäste zur Synode in Schleswig. Der neue Bürgermeister von Loitz hielt eine Ansprache, in der er sich sehr für ein eigenständiges Vorpommern oder dessen Anschluß an Brandenburg einsetzte. „Mecklenburger sind wir noch nie gewesen." Nun, über dieses Problem ging die Zeit hinweg, man gewöhnt sich an neue Tatsachen. – Eigentümlich berührte mich die Äußerung eines pommerschen Pastors. Er sagte: „Vierzig Jahre DDR haben wir erlebt als vierzig Jahre Ausbeutung durch die Sowjetunion. Das Volk hat diese Zeit durchlitten, mitgewirkt an der Ausbeutung und Unterdrückung hat aber nur die SED." Dies war wohl eine Formulierung, die im östlichen Wahlkampf der CDU geboren worden war. Es berührte mich eigenartig, weil ich diesen Pastor bisher als recht brav erlebt hatte. Nun aber entlastete er sich, indem er andere belastete. Zum ersten Mal traf ich auf jenes pauschale Urteil, dem man bis heute oft begegnet: Je weniger sich ein Westdeutscher in der Zeit der DDR um deren Menschen gekümmert hat, desto strenger sind seine Maßstäbe, mit denen er das Verhalten der in vierzig Jahren abhängig Gehaltenen beurteilt. Hierzu weiter unten mehr.

Im Zuge meiner Erforschung der Ansichten über die Rückkehr der bodenreformierten Altbesitzer besuchte ich auch den neuen Landrat in Demmin. Er war Funktionär der Ost-CDU und Sohn eines selbständigen Handwerksmeisters in Jarmen. Ich berichtete von meinen Eindrücken:

Man träfe hier Westdeutsche, die mit ihrem Geld die Chance ihres Lebens witterten. Wie er das beurteile, insbesondere im Hinblick auf die Rückkehr von Altbesitzern, und welche Möglichkeiten er für diese sähe. Er antwortete: „Wir wollen dieses

Land aufbauen mit denen, die hier geblieben sind *und* mit denen, die früher hier gelebt haben." Auch der „Westler", der hier investieren wolle und könne, sei willkommen. Möglichkeiten für Altbesitzer? Dazu könne er nichts sagen, die Bedingungen dafür würden im Westen formuliert." Wir werden ja sehen, was die Einheit uns bringt." Das Gespräch fand einige Wochen vor dem 3. Oktober 1990 statt.

„Die ganze DDR steht zum Verkauf"

Im September 1990 war die Hochzeit unseres jüngsten Sohnes. Das führte die Familie zusammen. Es gab lebhafte Gespräche. Ein Verwandter überlegte, er wolle das Schloß Kartlow, mein Elternhaus, kaufen. Ich war etwas befremdet. „Kann man denn derzeit so etwas kaufen?" – Da mischt sich ein anderer ins Gespräch: „Die ganze DDR steht zum Verkauf!" – Ich wechselte Blicke mit Henry, der von Rostock gekommen war: Es gab schon recht unterschiedliche Gesichtspunkte, unter denen man die Probleme des befreiten Landes angehen konnte. Da freute es mich, daß ich meinte, den Landrat so verstehen zu dürfen: „Jeder, der etwas mitbringt, ist willkommen. Aber lieber sind uns die alten Familien – als die Glücksritter."

Über Weihnachten 1990 bin ich Pastor in Pommern

Dann ergab sich am Jahresende 1990 eine intensive Begegnung mit der alten Heimat: Der Jarmener Pastor hatte sich vorzeitig in den Ruhestand versetzen lassen und war in den Westen gezogen. Der Kartlower Pastor, der schon in vier Kirchen zu predigen hatte, sollte nun auch noch die Stadt Jarmen mit ihren Außendörfern betreuen. Als ich das hörte, teilte ich dem Superintendenten und Kartlow mit, ich wolle meinen Ruhestand unterbrechen und die Gottesdienste vom 4. Advent bis einschließlich Neujahr übernehmen. So hielt ich am Heiligabend und Silvester in der überfüllten Stadtkirche von Jarmen Gottesdienst, fünfmal (4. Advent, 1. und 2. Weihnachtstag, Sonntag nach Weihnachten und Neujahr) im leichter beheizbaren Gemeindesaal – und Heiligabend und Silvester in Kronsberg im Altenheim der Diakonie. Das Besondere der Situation bestand zusätzlich darin, daß es Gerüchte und Parteinahmen gab: Der abgegangene Pastor habe ungute Staatskontakte gehabt.

Ich besuchte vor dem Fest alle Kirchenvorsteher und hörte zu, wie die die Lage im Allgemeinen und Besonderen beurteilten. Spaß machte mir ein Hinterpommer, der leitend in einer LPG tätig war: Als er gemerkt habe, daß man die Gewinne des Betriebes doch immer nach Berlin in den großen Topf abführen müsse, habe er die Unkosten am Ort erhöht und das Gebäude der Kirche in Alt-Plestlin total renoviert, einschließlich des Daches. – Das steht nicht einzig da. Auf einem anderen ehemaligen Gut war die Glocke gesprungen. Der Pastor ging zur LPG: „Ihr seid doch die Nachfolger der Frau Gräfin. Die würde bestimmt hierfür Geld geben …" Er bekam mehrere tausend Mark von der LPG und mir, da ich jene Gutsfrau beerbt hatte. Natürlich sprach es sich herum, daß es ein Kartlower wäre, der die Vertretung übernommen habe. Als ich das Altenheim betrat, früher wohnte in dem Haus ein Beamter meines Vaters, hörte ich, wie eine Stimme sagte: „Er fährt Volkswagen, immer bescheiden." Diese Tage sind mir unvergeßlich. Meine Frau reiste zu einem Sohn, ich wohnte in Demmin im Gemeindehaus. Dort wurde ich an den Festabenden in die Familien von benachbart wohnenden Mitarbeitern gebeten. So bin ich doch einmal in meinem Leben in Pommern Pastor gewesen.

Ein früherer Nachbar
übernimmt die Ländereien der Heyden-Ahnen

Im Frühjahr 1994 feierten wir unsere Goldene Hochzeit. Anke und Henry waren aus Rostock gekommen, auch unser alter Nachbar, der 1944 einer der Brautführer war und der sein Elternhaus im Kreis Demmin übernommen und zu einem Hotel ausgebaut hatte. Als dann der 7.000-ha-Betrieb Daberkow-Kruckow nicht mehr weiter wußte, hatte er, mit Hilfe seines im Westen erworbenen Vermögens, die Mehrheit der Anteile der Firma gekauft, womit er unsere alten Besitze in die Hand bekommen hatte. Er sagte in einer Ansprache: „Ihr müßt nicht glauben, ich wolle mir die Güter Eurer Vorfahren unter den Nagel reißen. Kommt Zeit, kommt Rat." Inzwischen hatten auch meine Söhne in der alten Heimat Fuß gefaßt, dazu später mehr.

Änderungen in der Pommerschen Kirche

Ich besuche Bischof und Siegfried

Im Mai 1991 war ich wieder in Pommern. Ich hatte 24 Exemplare der Heydenschen Familiengeschichte mit dem Titel „Beständig im Wandel – Berichte aus sechs Generationen der Familie ... von 1800–1989, eingeleitet, verbunden und befragt von..." im Gepäck und besuchte in Greifswald das Konsistorium. Hier waren im Jahr der Wende Änderungen eingetreten: Die Synode hatte darüber abgestimmt, ob der Bischof und mein Freund Siegfried, der mir in der Kartlower Kirchturm-Angelegenheit geholfen hatte, bleiben dürften oder nicht. Beide hätten etwas zu gut mit dem Staat zusammengearbeitet. Das Ergebnis: Der Bischof mußte gehen, Siegfried konnte bleiben, eine Mehrheit hatte für ihn gestimmt. Daraufhin hatte sich der Bischof nach Lübeck und in den Ruhestand zurückgezogen. – Ich besuchte nun also Siegfried. Er freute sich über die Gabe unserer Familie. Er würde die Bücher weiterleiten. Sie würden sicher jungen Pastoren helfen, positive Nachwirkungen vergangener Verhältnisse wahrzunehmen. Und er überraschte mich mit der Bemerkung: „Daß, wenn es nach dem Recht geht, Ihnen Ihre Besitze gehören, ist doch klar." Hierbei kam er dem, was er bei mir vermutete, vielleicht etwas weiter entgegen, als es seiner Meinung entsprach. Einer der mit dem Buch bedachten Superintendenten, geborener Demminer, schrieb mir später: Durch die im Buch geschilderten Verhältnisse sei er in die Lage versetzt worden, endlich erlebte Geschichte mit aus früheren Zeiten Erzähltem und Angelesenem in ein rechtes Verhältnis zu setzen. „Jetzt erst wird mir unser Herkommen in Vorpommern klar."

Zwei Jahre später besuchte ich den neuen Bischof. Inzwischen waren die Familien zweier junger Landwirte im Verbund mit meinen Söhnen im Kreis Demmin ansässig geworden. Ich sagte: „Ich habe gehofft, wenn unsere Familie hier wieder Fuß faßt, daß dabei auch hier und da ein Kirchenvorsteher für die Gemeinde abfällt. Nun aber, was kommt, ist tüchtig vom Fach und im übrigen von härtestem Stoff!" – Antwort: „Das kann anders nicht sein. Warten wir die Zeit ab." Und heute ist die Frau eines der Partner meiner Söhne im Kirchenkreisvorstand in Demmin.

Ein Jahr später besuchte ich Siegfried. Er hatte nun doch vorzeitig in den Ruhestand gehen müssen. Dabei sprachen nicht seine Kontakte zur Staatsmacht gegen ihn, wohl aber die Tatsache, daß er zwar seinen Bischof und zwei Brüder im Konsistorium über seine Gespräche laufend informiert hatte, nicht aber die Kirchenleitung. Mein Besuch sollte diesem Mann sagen: Ich bleibe dir dankbar verbunden.

Weitere Änderungen in der Kirche ...

Der neue Bischof in Greifswald war zuvor Superintendent in Sachsen. So kam es, daß nach der Zurruhesetzung des alten Superintendenten in Demmin auch dort ein Sachse das Amt übernahm. In der Vakanz hatte der Kartlower Pastor den Dienst versehen. Und nun begann in der Kirche, die immer arm gewesen war, nach der Wende das Geld eine entscheidende Rolle zu spielen. Bisher waren wenige rechtswirksam aus der Kirche ausgetreten. Viele jedoch hatten die gemeindliche Steueraufforderung nicht beachtet. Jetzt erhob das Finanzamt die Steuer, und jeder mußte angeben, ob er in der Kirche sei oder nicht. Da gab es ein hartes Erwachen: Auf den Dörfern blieben knapp 30 Prozent der Menschen Glieder der Gemeinde, in Rostock sind es nur 8 Prozent. Zugleich hatte man in der Kirche das westliche Besoldungssystem eingeführt und zahlte inzwischen 80 Prozent der Gehälter. Bisher waren alle arm. Nun erhielt der Pastor wieder mehr als die meisten anderen. Und ein Kirchenkreis kann sich nur – soweit sein Geld reicht – besetzte Pfarrstellen leisten. So konnte es geschehen, daß jetzt der Kartlower Pastor zwölf Dörfer zu betreuen hat – wobei ca. 1.000 Menschen zur Gemeinde gehören. Diese Umgruppierung bringt Unruhe und verstärkt die Nähe der Christen zueinander nicht sofort.

... und in Rostock

Anke wurde in der Wende in Rostock Geschäftsführerin der Ärztekammer von Mecklenburg-Vorpommern. Da der Präsident der Kammer ihr aber keine klare Kompetenz einräumte, gab sie diese Aufgabe wieder ab und übernahm in der Klinik die Krebs-Nachsorge-Station. Sie besucht Fachtagungen. Wenn die im Westen stattfinden, kommt sie für einen Tag bei uns vorbei. Henry begleitet die neue Zeit mit gemischten Gefühlen. Er erlebte, daß „die Kinder dieser Welt klüger sind als die Kinder des Lichtes". Geschäftsführer der vom Westen her gegründeten Firmen wurden nicht die, die immer sauber geblieben waren, sondern die, die am Hebel saßen, Erfahrung mit Führungsaufgaben hatten – und sich nun den neuen Herren anboten. Er hatte die Gemeinschaft unter Mitarbeitern, als alle arm waren, als wärmer empfunden. Und die Zeit der überfüllten Kirchen ging in der Stadt rasch zu Ende. Auch sieht es ein Pastor nicht gerne, wenn Mitmenschen, die ein Haus oder eine Wohnung jahrzehntelang in Ordnung gehalten haben, vom Altbesitzer hinausgesetzt werden. Denn diese Häuser sind allermeist erst nach dem Stichtag 1949 verlassen worden oder volkseigen geworden: Sie fallen den Altbesitzern wieder zu. Fast die ganze Innenstadt in Rostock dient jetzt als Büroraum. Es wohnen in den Straßen wesentlich weniger Menschen als früher.

Auf der anderen Seite erlebte Henrys Gemeinde St. Petri–St. Nikolai, daß die ganze Stadt einschließlich ihrer Westfreunde Millionen an Spenden aufbrachte, damit die Petrikirche wieder ihren alten Turm bekam. Heute gehören in der östlichen Altstadt nur noch 1.700 Gemeindeglieder zur Kirche. Ein rechter Pastor kann aber an den vielen, die zwar ausgetreten sind, zugleich aber in seiner Nachbarschaft wohnen, nicht achtlos vorübergehen.

Meine Söhne kümmern sich um das Familienerbe

1992 hatte ich meine Rechte auf Sarow auf meinen zweiten Sohn überschrieben. Und mein ältester Sohn kümmerte sich im Verbund mit meinem Bruder, der das Elternhaus hätte erben sollen, um den Stammsitz der Familie. Sie fanden zwei junge Landwirte, die mit ihren Familien als Partner meiner Söhne in den Kreis Demmin gingen. Sie wollen für ihre Kinder und die Urenkel meines Vaters landwirtschaftliche Flächen von der Treuhand – zunächst – pachten. 1993 wurden die ersten Äcker bestellt. Der eine Landwirt wohnt in Klein-Toitin unweit von Kartlow, der andere in Törpin unweit Sarow. Jeder bekam zunächst ca. 500 Hektar. Dann stand aber 1993 der Agrarhof Sarow zum Verkauf. (Man kauft zur Zeit nicht das Land, sondern das Inventar bzw. das Betriebsvermögen.) Die Gemeinschaft der beiden Landwirte und meiner Söhne wurde von einem Fremden überboten. Ende 1994 stieß dann aber jener Fremde den 18 Monate zuvor erworbenen Betrieb wieder ab. Nun konnten meine Söhne einsteigen. – Die genannte Gemeinschaft versteht sich gut. Sie will auch in der Kartlower Gegend weitere Flächen übernehmen.

Besuche in Kartlow

Zum Schluß berichte ich vom Ergehen einiger Menschen, die ich regelmäßig besucht habe: Unser früherer Förster war gestorben, seine Witwe sehr alt geworden. Die kinderlose Frau schloß sich an eine Nichte ihres Mannes an, die sie beerben sollte. Diese aber ist Sekretärin des Geschäftsführers in dem Großbetrieb, der Kartlow in Konkurrenz zu meinen Söhnen und deren Partnern verwaltet. So verkaufte sie ihr Siedlerland an diesen Interessenten.

Bei Otto ist zu spüren, was es bedeutet, wenn arme Leute einmal Geld in die Hand bekommen: Nach der Wende wurden an jeden Genossen bzw. Arbeiter des Betriebes – den Jahren seiner Zugehörigkeit nach – Anteilscheine ausgegeben, die ihn als Teileigentümer des Betriebsinventars ausweisen. Diese Anteile hat unser früherer Nachbar bei dessen Übernahme der Gesamtwirtschaft den Mitarbeitern abgekauft. Otto erhielt eine fünfstellige Summe. „Nun ist auch einmal etwas für uns abgefallen. Das hat die DDR nicht geschafft." Siedlerland hat Otto nicht zu verkaufen. Er war im Herbst 1945, als das Land auf Siedler aufgeteilt wurde, noch in Gefangenschaft, also nicht im Dorf. So ging er leer aus. Andere bekommen für ihre Siedlerstelle bei derzeitigen Preisen etwas über 30.000 DM. Es ist aber nicht Ottos Art, sich über die ihm entgehende Chance zu grämen. Er freut sich über das, was er bekam.

In der Imkerei ist die Wende mit gemischten Gefühlen erlebt worden: Zunächst ist die Familie mit dem gemeinsam angeschafften „Trabi" zum Besuch von Verwandten in den Westen gefahren. Man bekam Begrüßungsgeld und kaufte ein. Aber dann trafen die Glieder der Familie harte Schläge: Großmutter hatte zu Hause immer zwei Schweine fettgemacht. Das Futter bekamen die Enkel in der LPG für wenig Geld. Aber zu Weihnachten brachten die Schlachtschweine dann etwa 500,- Mark. Anders im Jahr 1989: Der Markt für Schweinefleisch brach zusammen. Man hatte die Wahl: „Entweder wir verkaufen das Fleisch für ein paar Mark – oder essen es selber auf." Der Vater behielt noch eine Weile Arbeit, jedoch nur bei verkürzter Arbeitszeit. Die Enkel verloren ihre Stellungen binnen weniger Monate. Die nun umgestellten Großbetriebe müssen hinfort rentabel wirtschaften und entließen nacheinander drei Viertel ihres Personalbestandes. Jetzt ist Vater Rentner, nur noch die Hausfrau behielt ihre Arbeit in der Kantine der Betongießerei. Großmutter erlebte noch die Wende, starb dann aber bald. Die vom Leben nicht Verwöhnte hatte prophezeit: „Nun wird es bald wieder alles zu kaufen geben, aber dann haben womöglich wir nicht das Geld, uns etwas zu besorgen." In meiner Zeit als Jarmener Pastor besuchte ich dieses zur dortigen Gemeinde zählende Haus. Dabei erfuhr ich: „Damals, als Großmutters Ehe scheiterte, der Mann war am Alkohol, haben wir alle die Kirche verlassen, sind ausgetreten!" – Das war für mich eine Enttäuschung. Dennoch halte ich Kontakt zu diesen Menschen, die mir viel davon vermittelt haben, wie man „von unten" die DDR erlebt hat. Eigentümlich berührte mich die Logik des Hausvaters:

„Großmutter hatte den lieben Gott für ihre Ehe um seinen Segen gebeten. Der blieb aus. Dann werden wir die Kirche verlassen." Unlängst konnte ich das Haus wegen eines freilaufenden rasenden Hundes nicht betreten und ging ins Dorf zu einem Enkel, um zu fragen, ob die Eltern denn zu Hause wären. Ich traf einen jungen Mann an, der den Eindruck vermittelte, er habe sich an den Zustand der Arbeitslosigkeit gewöhnt. – So hat die Wende den Menschen auf den Dörfern nicht nur Glück gebracht. Wenn Männer im besten Alter morgens um zehn Uhr gruppenweise an den Ecken der Dorfstraßen stehen, ist das ein bedrückender Anblick.

Im Kartlower Pastorat wurde die Wende mit Freude begrüßt. Der Pastor hatte bei der Wahl eine eigene Liste angeführt und war eine Periode lang auch im Rat der Gemeinde. Ihn beschäftigten dann aber bald die neuen Sorgen der Kirche: Wie weiter für alle da sein, wenn nur eine Minderheit ihren Beitrag zahlt?

Noch einmal: Claudia

Mit 14 Jahren wechselte sie von der Sonderschule für Behinderte auf eine integrierte Gesamtschule, ein Jahr später dann auf ein Gymnasium. Sie wurde von den jungen Leuten ohne Behinderung gut aufgenommen. Claudia sagt von sich: „Wichtig ist für mich, daß ich keine Krankheit habe, sondern eine Behinderung. Ich leide weder an noch unter ihr. Sie ist meine besondere Lebensform. Hierbei liegt die Betonung auf Leben. Meine Behinderung ist Bedingung zu diesem meinem Leben."

Claudia ist in Rostock eine bekannte Persönlichkeit geworden. Man kennt sie als Schreiberin von Leserbriefen an die Zeitung. Wenn sie mit ihrem, inzwischen elektrisch angetriebenen, Rollstuhl in der Ladenstraße hält, bildet sich alsbald um sie ein Kreis. Ihr ausdrucksvolles Gesicht beherrscht ihre Erscheinung und läßt ihre „besonderen Lebensbedingungen" fast vergessen. Sie weiß viel und äußert sich ohne Scheu auch zu schwierigen Fragen. Im letzten Sommer erklärte sie ihrem Direktor: „Ich möchte Ihre Schule verlassen. Was ich hier lernen wollte, haben Sie mir gegeben. Ich habe nicht eine Lebenserwartung wie andere Schüler, deshalb liegt mir nichts an einem Abitur. Ich möchte jetzt auf der Universität Vorlesungen über Religionsgeschichte und Theologie hören. Und wenn es Ihnen recht ist, würde ich gern weiter am Deutschunterricht meiner Klasse teilnehmen." Eine solche Kündigung hatte der Direktor in seinem Leben noch nicht erhalten. Aber er akzeptierte diese Entscheidung der 17jährigen.

Claudia bedauert es, daß ihre Schwester Ulrike, sie wird bald 21 Jahre alt, nicht mehr zu Hause, sondern in Potsdam, lebt. Die Schwestern verstehen sich gut. Erfahrenes Leid hindert beide nicht, von ihrer Zukunft Schönes zu erwarten.

Einsichten und Fragen

Welche Folgen hat die „Bodenreform" und die Behandlung dieser Frage im vereinten Deutschland?

Die Situation

Bis zu einem gewissen Grade kann ich die Argumente der Bundesregierung und den Protest der Betroffenen verstehen: Der Einheitsvertrag schließt eine Rückgabe der Enteignungen, die zwischen 1945 und 1949 erfolgt sind, aus. Dafür spricht: Die Siedler, die auf ihrem Land bzw. in den LPGs gearbeitet haben, sollen ihres erworbenen Eigentums nicht entledigt werden. Aber auch die Führungskader der östlichen Großbetriebe haben ihr Studium und ihre Lebensplanung auf die im Volkseigentum befindliche Landwirtschaft ausgerichtet, dem kann nicht fraglos und allgemein ein altes Besitzrecht vorgeordnet werden. Wenn über eine Enteignung 50 Jahre hingegangen sind, kann der alte Zustand ohne Kränkung neu entstandener Rechte nicht wieder hergestellt werden. Schließlich mußte eine Regelung getroffen werden, die rasche Verfügbarkeit ermöglicht. Hätte man unzähligen Erben und Erbengemeinschaften Rechte verliehen, wäre eine sehr komplizierte Situation entstanden. Was von der Regierung aber erwartet werden kann und muß, ist: Sie muß sich eindeutig von der Motivierung der damals „Bodenreform" genannten und als Akt des Klassenkampfes durchgeführten Aktion distanzieren und Möglichkeiten schaffen, daß der Teil der Altbesitzer bzw. deren Erben, der in der alten Heimat neu ansässig werden will, um dort präsent zu sein, um die Kontinuität zum Wirken ihrer Vorfahren fortzusetzen, hierfür die Möglichkeit erhält.

Die „Bodenreformierten" argumentieren ihrerseits: Unsere Gruppe wird unter ein Sonderrecht gestellt, fast wie 1935 die

Juden. Die Garantie des Eigentums gilt für jeden Bürger, für uns aber nicht. Wir räumen ein, daß wir nicht fraglos und entgegen neu entstandenen Rechten wieder Eigentümer werden können. Was wir jedoch nicht hinnehmen können und wollen ist, daß sich unser Staat bisher mit keinem Wort von der Motivierung des damaligen Unrechtes distanziert hat. Auch gibt es viele Regelungen, die den alten Funktionär, der am Ort lebt, oder den Geldmann, der über große flüssige Mittel verfügt, demgegenüber bevorzugt, dessen Familie durch Jahrhunderte mit Land und Leuten verbunden war und bereit ist, für sich oder seine Kinder in der alten Heimat zu leben und zu arbeiten.

In der DDR war nach deren Selbstverständnis der „Klassenfeind" am Elend der deutschen Geschichte schuld. Den konnte man enteignen und davonjagen. Jetzt entsteht der Eindruck, daß auch die politisch maßgeblichen Schichten der westdeutschen Bevölkerung mit dem abschätzig gemeinten Wort von den „Junkern" das östliche Unwerturteil übernehmen. Das weckt die Frage: Braucht unser Volk einen „Sündenbock", um nicht gar so genau nachforschen zu müssen, wie sich die eigenen Großeltern zu Hitlers Zeiten verhalten haben?
Der Spruch des Verfassungsgerichtes, der der „Bodenreform" Bestand verlieh, hat viele Menschen in ihrem Rechtsempfinden gekränkt. Ich spürte um mich herum Bitterkeit. Gute Staatsbürger fragten sich, ob sie in dieser Rechtsgemeinschaft noch zu Hause sein könnten. Das veranlaßte mich zu einem Leserbrief, der in der FAZ am 16. Mai 1991 erschien. Die Überschrift lautete: „Mit Anstand verlieren." Ich wollte, ohne den Spruch des Gerichtes für glücklich zu halten, die Bereitschaft stärken, ihn hinzunehmen. Die besten Köpfe der alten Führungsschicht waren in diesem Jahrhundert die Männer des 20. Juli 1944. Und diese waren bereit, für die Zukunft unseres Volkes nicht nur Hab und Gut, sondern auch ihr Leben zu verlieren.

Ein Brief an den Bundeskanzler

Am 14. Juni 1994 schrieb ich dann einen Brief an den Bundeskanzler, in dem die wichtigsten Sätze lauteten: „Worum es mir geht: Es sollte von entscheidender Stelle her dem Anschein entgegengetreten werden, als hätte das Nicht-zum-Zuge-Kommen der Wünsche vieler Altbesitzer etwas mit dem erwähnten Negativurteil über die Vorfahren jetziger Erben zu tun. Es sollte klargestellt werden: Die heutige Führungsschicht erlaubt sich nicht ein solches Urteil über ihre Vorgänger. Eine solche Klarstellung – etwa aus Ihrem Munde – könnte dem inneren Auswandern manches Nachfahren einstiger Verantwortungsträger aus unserer Rechtsgemeinschaft entgegenwirken."
In dem Antwortschreiben eines Referenten im Kanzleramt heißt es: „Ich möchte bemerken, daß der Bundeskanzler nicht eben häufig so ausgewogene und verständnisvolle Zuschriften aus dem Kreis der 1945/49 Enteigneten erhält. Die Bundesregierung ist sich bewußt, daß vielen Menschen durch die rechtswidrigen Enteignungsmaßnahmen der Jahre 1945 bis 1949 großes Unrecht zugefügt worden ist." Im übrigen folgt die bekannte Begründung: Sowjetunion und DDR hätten verlangt, daß die Bodenreform Bestand haben solle. Zur Frage des von mir erwähnten schlimmen Anscheins wird bemerkt:

Diesen Anschein habe nicht die Bundesregierung erweckt. Er sei entstanden durch Stimmungsmache in Leserbriefen von Betroffenen. Die Bundesregierung könne „solchen Mißverständnissen nicht stets und überall entgegentreten". Das sei organisatorisch nicht möglich. So erfolgte die erbetene Erklärung des Kanzlers nicht.

Offene Fragen

Es trifft sicher zu, daß bei der Abfassung des Einheitsvertrages auf die Bundesregierung Druck ausgeübt worden ist. Kaum verständlich aber ist, daß der damals ausgeübte Druck ausreichen soll, die heutige Gesetzgebung des Bundestages zu bestimmen, wenn er in der Bodenfrage alte gegen neue Rechte abwägen will. Entweder stimmt es, daß einer Gruppe unseres Volkes damals großes Unrecht zugefügt worden ist. Dann hat aber der, der das feststellt, wohl die Pflicht, das in seiner Macht Stehende zu tun, das Unrecht der Vergangenheit in seinen Folgen zu mindern. Oder: So sehr wichtig nimmt man das damals Geschehene nicht, dann kann man darüber zur Tagesordnung übergehen.

Als im April 1991 das Bundesverfassungsgericht seinen Spruch fällte, der der „Bodenreform" Bestand verlieh, hörte man aus dem politischen Bonn nur Zustimmung, und das von allen Fraktionen. Solche Einigkeit ist selten und auffallend. Daher entsteht in mir im Rückblick auf die Geschichte folgende Frage: In der ersten deutschen Republik streckte der damalige Reichspräsident Friedrich Ebert der Führungsschicht des Kaiserreiches – Armee, Großbürgertum, Beamtenschaft und Adel – die Hand hin: Baut mit an diesem neuen Staat. – Diese Hand wurde überwiegend nicht ergriffen. Das eigene Vorurteil gegen „diesen Sozi" verbaute sehr vielen diese Möglichkeit. Man meinte, selbst den Staat verkörpern zu können und der hinzutretenden Gruppe nicht zu bedürfen. – Geschieht heute Ähnliches – nur umgekehrt? Am Aufbau der zweiten Republik haben alle Gruppen der Bevölkerung mitgewirkt. Und wenn jetzt das Recht einer Gruppe verkürzt wird, wenn nicht wenige, darüber irritiert, sich fragen, ob denn die Regeln des Rechtsstaates für sie nicht gelten, werden solche Vorgänge von der neuen politischen Klasse unseres Staates etwa deshalb auf die leichte Schulter genommen, weil man meint, die betreffende Gruppe nicht zu brauchen? Verkörpern nicht heute die Parteien den Staat? Die Geschichte hat verminderte Wahrnehmungsfähigkeit bisher stets hart bestraft.

Meine Söhne und ihre Partner in Vorpommern halten sich mit den alten Rechten nicht zu lange auf: Sie nutzen ihre Chancen, nicht auf Rechte, sondern Tüchtigkeit gestützt, neu Fuß zu fassen.

Wie soll mit den Menschen umgegangen werden, die in der DDR verantwortlich mitgewirkt haben?

Es entstand eine neue Führungsschicht

Ein sehr großer Teil der Bevölkerung, der gewohnt war, sein Leben auf Grund eigener Initiative zu gestalten, hatte nach und nach die DDR verlassen und sich am Wirtschaftswunder der Bundesrepublik beteiligt. Die DDR geriet dadurch in große Schwierigkeiten, hat es aber im Laufe der Jahrzehnte geschafft, sich eine neue, überwiegend akademisch gebildete Führungsschicht heranzubilden. Gegen diese „leitenden Kader" gibt es schwere Vorwürfe: Sie haben einem System gedient, das weithin die Interessen einer auswärtigen Macht vertrat. Korruption war keine Randerscheinung, sondern notwendig, um den Karren in Bewegung zu halten. Die Bekenntnisse zu den hohen Idealen des Sozialismus wurden benutzt, um eine ungerechte Herrschaft zu rechtfertigen. Und in den Schulen wurde den Kindern Lebenschancen entzogen, die sich von der vorgeschriebenen Meinung nicht korrumpieren ließen. Alle diese Anklagen ergehen zu Recht. Es hat in den Herzen des Volkes gegenüber den Führungskadern Abstand, Wut und Groll gegeben. Dennoch könnte es an der Zeit sein, jeden einzelnen Fall daraufhin anzusehen, ob es nicht für ihn auch entlastende Tatsachen gibt.

Wer hat vor anderen die Chance genutzt, in der DDR etwas zu werden? Ich lernte als Leitungskräfte des Betriebes, den ich hätte erben sollen, überwiegend Söhne hinterpommerscher und ostpreußischer selbständiger Bauern kennen. Aus der Kartlower Arbeiterschaft ist der örtliche LPG-Vositzende hervorgegangen. Ein Kleinbauernsohn aus dem Nachbardorf wurde Parteifunktionär. Und die Söhne des Angestellten in meinem Elternhaus, der heute „Butler" genannt werden würde, dienten als Offiziere in der Volksarmee, ihre Schwester war Lehrerin in der Nachbarschaft. Ein nicht kleiner Teil der einheimischen Arbeiterschaft aber fühlte sich nicht zu Ämtern und Würden hingezogen. Man duckte sich weg und überstand die Jahre der DDR ohne inneren Schaden. Hier wirkte eine Einstellung nach, die – ich muß es bekennen – sich schon zur Zeit meiner Vorfahren gebildet haben mag. „Ich bleibe innerlich dann unabhängig, wenn ich weder zustimme noch widerspreche, sondern den Mund halte." – Diese Einstellung lebt aus einer respektablen Philosophie. Sie zu übernehmen fällt aber dem sehr schwer, der gewohnt ist, sein Leben selbst zu gestalten. Und hier wird das wohl überwiegende Motiv der jungen Menschen erkennbar, die die Bildungsmöglichkeiten nutzten und dann in den Dienst des Staates oder der Betriebe in der DDR traten: Sie wollten aus ihrem Leben und diesem Land etwas machen. Lebte ich nicht im Westen und wäre nicht Pastor – ich hätte mich unter diesen Menschen befinden können. Denn es wäre mir schwer gefallen, auf Eigeninitiative zu verzichten und stets den Mund zu halten. Mit welcher inneren Einstellung dienten aber nun die Söhne einst selbständiger Bauern der DDR? Es ist schwer, aus diesen Menschen Kommunisten zu machen. Sicher hat es etliche gegeben. Demgegenüber aber meine ich sagen zu dürfen:

In Hinterpommern hatten mehr Christen als in Vorpommern gelebt. Man traute sich nun zu, die tägliche Ration Marx-Lenin zu schlucken, um sie unverdaut wieder auszuscheiden. Und so wurde man bereit, gewisse Forderungen des Systems, in dem man lebte, zu erfüllen. Aber diese „Anpassung" sollte nicht dazu führen, alle Menschen, die Verantwortung getragen haben, zu disqualifizieren. Ich lernte zum Beispiel in Sarow einen Landwirt kennen, der zugleich den Posaunenchor des Kirchenkreises leitete.

Es hatte Tradition, „staatsfromm" zu sein

Zu dieser Beobachtung kommt noch etwas hinzu: Die Provinzen, aus denen die Flüchtlinge kamen, auch Vorpommern selbst, sind jahrhundertelang preußisch gewesen. In diesem

Land aber hatte der Staat bzw. die Obrigkeit einen positiven, fast religiös besetzten Stellenwert. Es dauert seine Zeit, bis obrigkeitsfromm erzogene Menschen lernen, den Mächtigen auch oder gar in erster Linie kritisch zu begegnen. Ich bin ziemlich sicher, daß mancher Pastor, der Kontakte zur Staatsmacht unterhielt, über die er zu niemandem sprechen durfte, in seinem Bewußtsein der Kirche treu blieb, es verlangte eben auch die Obrigkeit eine gewisse Loyalität. – Nur ein Fall echter Untreue ist mir bekannt geworden. Ich besuchte den Demminer Pastorenkonvent. Auf dem Wege erzählte mir Henry nebenbei: „Der Pastor aus ... hat eine Westerbschaft gemacht. Dazu gehörte eine ganze Stube voller Bücher. Nun weißt du, wie man sich hier gegenüber der Einfuhr von Gedrucktem verhält. Dieser Mann aber machte an der Grenze seinen Kofferraum auf. Er war mit Büchern angefüllt. Der Beamte habe aber keine Fragen gestellt, nur genickt: ‚Machen Sie wieder zu und gute Reise'." – Henry hatte nur etwas erzählt. Ich aber wußte jetzt, wer der war, der dem Konvent als „Ohr der Staatsmacht" angehörte. Und dieser Mann wurde nach der Wende angeklagt: Er habe ein Gemeindeglied, das heimlich in den Westen wollte und seinem Pastor auf Wiedersehen gesagt hatte, verraten.

Nicht jede Anpassung macht schuldig

Das eben Geschilderte ist etwas anderes, als wenn ein junger Mensch seine Aufstiegschancen genutzt hat, ohne seine Seele der Macht zu verkaufen. Ich habe den Eindruck: Gar mancher Funktionär ist einigermaßen sauber geblieben. Nicht jeder hat es verdient, aufgrund eines pauschalen Urteils als „belastet" behandelt zu werden. Wer dennoch jenes allgemeine Urteil vertritt, muß sich seinerseits fragen lassen: „Belastest du andere, um dir dafür einen Ausgleich zu schaffen, daß dir im Leben viel verbaut worden ist?"

Wie ist es zu verstehen, daß, obwohl die Kirche in der Wende eine positive Rolle gespielt hat, ihr Ansehen im vereinigten Land gesunken ist?

Spiegeln die Akten alles im Leben?

Der Eindruck, daß heute der Kirche der Wind ins Gesicht weht, verdankt sich einigen Veröffentlichungen, in denen aufgrund von Stasi-Akten die Behauptung aufgestellt wird, die Kirche sei staatshörig und von ihm mit Agenten durchsetzt gewesen. Zu einem solchen Ergebnis kann nur kommen, wer zwar die Akten, nicht aber das Leben und die Menschen kennt. Dabei gehen die Ankläger von etwa folgenden Voraussetzungen aus: Die DDR war ein Unrechtsregime. Ihm gegenüber konnte die Aufgabe der Kirche nur Widerstand sein. Im Grunde deuten alle Kontakte auf Kumpanei und Abhängigkeit hin. – Demgegenüber ist zu fragen: Seit wann ist eine Großorganisation in der Lage, sich selbst und ihre Glieder mit allen Risiken als „Widerstand" zu verstehen? War das nicht immer Sache einzelner und kleiner Gruppen? Hatte die Kirche die Möglichkeit, die damalige Weltmacht „Sozialismus" aufzubrechen und zu verändern? Wenn das nicht der Fall ist, taten dann die Menschen nicht das Rechte, die sich dem Unvermeidlichen fügten und sich bemühten, ihren Mitmenschen in diesem System einen Freiraum zu schaffen und zu erhalten? Denkt man diesen Fragen nach, ändern sich die Voraussetzungen, von denen her jene Akten zu lesen und zu beurteilen sind. Noch wichtiger müßte es aber für einen Kritiker oder Historiker sein, einige noch sehr lebendige Verantwortungsträger der Kirchen in der DDR persönlich kennen und achten zu lernen. Dabei ergäbe sich wiederum ein neuer Kontext für Aktenfunde ...

Indessen: In einer ganzen Reihe von Veröffentlichungen wird denen beigepflichtet, die – wie ich meine – von falschen Voraussetzungen her der Kirche Vorwürfe machen. Ich habe aufgrund meiner Erfahrungen die Kirche in der DDR achten und lieben gelernt. – Es wird die Zeit kommen, da spätere Generationen die Rolle der Kirchen in der DDR gerechter würdigen werden, als es jetzt der Fall ist.

Das Volk richtete sich nicht nach seinen „Meinungsführern"

Hier ist aber noch etwas anderes zu bedenken: Es gibt eine Gruppe bedeutender Köpfe in unserem Land, die so etwas wie die Meinungsführerschaft beanspruchen und – wenigstens über große Teile der veröffentlichten Meinung – auch ausüben. Diese Menschen waren in ihrer Jugend großen Idealen, insbesondere dem Sozialismus, verbunden. Da sie zugleich einen hohen Respekt vor der Macht der Sowjetunion hatten, hielt eine eigentümliche Scheu sie davon ab, die Realität des menschlichen Miteinanders in den Ländern des Ostblocks so wahrzunehmen, daß sie dadurch zur Revision ihrer Jugendträume gezwungen gewesen wären. Das führte dazu, daß insbesondere die deutsche Sozialdemokratie im Blick auf die DDR Abstand hielt von den Bürgerrechtsgruppen und lieber mit den Vertretern der herrschenden Partei sprach. Man erlebte die Protestler als aufmüpfig und fürchtete, sie könnten am Ende den Frieden gefährden.

Unser Volk in seiner Mehrheit macht sich jedoch, seitdem die ostdeutschen Provinzen von der Roten Armee auf deren Weise erobert worden waren, keine Illusionen mehr: Es glaubt nicht an Worte, die durch Taten widerlegt worden sind. Es weiß, was es von total herrschenden Parteien zu erwarten hat.

Aus diesem Gegensatz erklärt sich die zeitweilige Kopflosigkeit unserer „Meinungsführer": Ihre Gesprächspartner im Osten verschwanden über Nacht. Und die „unordentlichen" Gruppen, die sich in den Kirchen versammelt hatten und in deren Freiraum auch geschützt worden waren, beherrschten auf einmal das Bild der Straße. Unser Volk freute und vereinigte sich. Völlig ohne Hilfe oder Begleitung durch jene „Meinungsführer"! Dieser Eindruck wurde von jenen als kränkend empfunden. Und sie haben ihre Macht dazu genutzt, die wahre Rolle der Kirche bei der Wende in der DDR und auch die Wirksamkeit der Gruppen kritischer Christen herabzusetzen und zu diskreditieren. Mit einem gewissen Erfolg. Die Menschen, die nach Gottes Gebot und täglich geleitet von seinem Wort leben, blieben unbeeinflußt. Die vielen aber, die ihre Mündigkeit so verstehen, daß sie den täglichen Umgang mit der Bibel nicht nötig haben, ließen sich ein in wesentlichen Zügen gefälschtes Bild der Vorgänge aufschwatzen. – Aber auch diese Vorgänge werden nach einiger Zeit durchschaut und korrigiert werden.

Welche Gründe für den unblutigen Verlauf der Wende sind erkennbar?

War das Regime rundum verbrecherisch?

Man sagt, das Regime der DDR sei ein verbrecherisches gewesen. Im Blick auf den Schießbefehl an der Mauer, das Spitzelwesen, den Strafvollzug insbesondere in Bautzen oder die Mitwirkung beim Einmarsch der sowjetischen Truppen in die Tschechoslowakei, trifft das Urteil zu. Es ist aber doch wohl zu undifferenziert, um die ganze Wirklichkeit zu erfassen. Ein durch und durch verbrecherisches System hätte im Herbst 1989 schießen lassen. Daß dies jedoch nicht geschehen ist, sollten wir den Machthabern der DDR hoch anrechnen. Welche Gründe für den unblutigen Verlauf der Wende sind erkennbar?

Man verstand sich als „kleiner Bruder" der Sowjetunion

Daß von seiten der Massenbewegung keine Gewalttat geschah, ist mit Sicherheit der Mitwirkung der Kirchen und ihrer Disziplin zu verdanken. Woher stammt aber die Zurückhaltung auf seiten des Staates? Die Mächtigen der DDR haben nie wirklich auf eigene Rechnung und Verantwortung gelebt. Sie sahen sich immer in der Rolle des kleinen Bruders der mächtigen Sowjetunion. Und im übrigen übernahm man zum Nulltarif das gesamte Grund- und Anlagevermögen des Landes, um diese Masse – stets von der Substanz lebend – im Laufe von vierzig Jahren zu verbrauchen. Zum Beispiel im Betonwerk in Jarmen arbeitete man mit den Maschinen, die dort 1945 gestanden hatten. Und als die zu Bruch gingen, war für Neubeschaffungen nichts zurückgelegt. In gleicher Weise ging man mit der Bausubstanz der Wohnungen um. 1989 wußten die Informierten nicht, wie es weitergehen sollte. Die Richtungsangabe oder den

Schießbefehl für Leipzig erwartete man von den Russen. Als die aber deutlich machten, daß sie in ihren Kasernen bleiben würden, war man ratlos. Schließlich sagte man sich: „Pleite sind wir, die Russen helfen uns nicht, was bleibt uns?" Man hätte sich eine Zeitlang mit Gewalt behaupten können, aber um welchen Preis? Und hatte man auf die blutige Weise eine Chance zu überleben? – „Gut, dann lassen wir uns eben von der Bundesrepublik übernehmen. Mögen doch die Westbürger unsere Schulden bezahlen."

Der Abgang der Machthaber war unheroisch

Ich bin dankbar dafür, daß die Mächtigen der DDR lieber resignierten, als sich mit Gewalt zu behaupten. Hätten wir eine blutige Revolution erlebt, wäre ein Haß gesät worden, unter dem andere Völker leiden: Wenn Nachbarn sich aus politischen Gründen gegenseitig ermorden, wie es in Spanien und Rußland geschehen ist, ist das menschliche Miteinander auf Generationen vergiftet. Auch die schreckliche Rache, die Untergrundkämpfer an Kollaborateuren vollzogen, ist in Frankreich nicht vergessen. – In Deutschland traten die Mächtigen einfach ab, wie es ihnen 1918 die Fürsten vorgemacht hatten. Sie wollten überleben. Sie waren frei von dem Wahn eines Hitler, der möglichst sein ganzes Volk in seinen Untergang mitreißen wollte. Vielleicht haben sie sogar darauf gehofft, in einem vereinigten Deutschland nach einer Zeit der Zurückhaltung noch einmal Mitbürger werden zu dürfen.

Welche Blockaden
gegenüber östlichen Problemen
sind in westlichen Köpfen erkennbar?

Aus dem Sächsischen wird folgende Geschichte, die nicht wahr sein muß, aber kann, erzählt: Ein westdeutscher Beamter war in das neue Bundesland übergesiedelt und ging dort recht forsch zu Werke. Er erlebte, daß man ihm zwar nicht direkten Widerstand leistete, ihn aber auflaufen ließ. Wenn er sich dann ärgerte, schalt er seine Mitarbeiter: „Ihr seid eben immer noch Kommunisten!" Der Sache nach aber ging es einfach darum, daß man ganz zu Recht meinte: „Sieh dich bitte erst ein wenig mit Bedacht um, damit du lernst zu übersehen, was die Folgen deiner Initiativen sind." – Dieses Vorkommnis ist vielsagend. Es gab einen berechtigten Antikommunismus im Westen, denn die Sowjetmacht war eine Bedrohung. Es gab aber im Westen auch ein dummes Vorurteil, das alle Verantwortungsträger im Osten menschlich abqualifizierte. – So war es kein Wunder, daß jener Westdeutsche bald seine Koffer packen mußte.

Hinzu kommt etwas anderes: Die Menschen im Osten hatten sich ihre Besatzungsmacht nicht ausgesucht. Es war vom ersten Tag an deutlich, daß sie im Vergleich zum Westen das härtere Los gezogen hatten. Dies wußte jeder. Die vielen, die daraus keine Folgerungen ableiteten und sich vierzig Jahre lang um die im Osten als unterworfen Lebenden nicht gekümmert haben, stehen nun nach der Einheit unter einem gewissen Rechtfertigungsdruck. Und so neigt mancher dazu, sein Verhalten in der Vergangenheit damit zu begründen, daß „die im Osten eben doch allermeist mit dem Kommunismus paktiert haben".

Aus manchen Gesprächen im Westen kann man noch ein Drittes heraushören: Wir sind ein wenig beschämt durch – oder auch neidisch auf – die Risikobereitschaft der Menschen im Osten. Die Demonstranten in Leipzig haben bei ihrem Einsatz Kopf und Kragen riskiert. Die Umstellung der Lebensverhältnisse nach der Vereinigung hat im Osten den Alltag von Millionen verändert. Es wurden nicht nur sehr viele arbeitslos. Man verlor über Nacht auch „den Vater Staat", der auf seine Weise jedem eine Nische zugewiesen hatte. Nun mußte man lernen, sich dem kühlen Wind des Wettbewerbs auszusetzen. Aufs Ganze gesehen stellte man sich jedoch erstaunlich rasch um! Wie aber steht es um die westdeutsche Bereitschaft, sich auf neue Herausforderung so einzulassen, daß unser Alltag verändert würde? – Auch diese Frage kann dazu beitragen, sich östlichen Erwartungen gegenüber zu verschließen.

Wer hat das letzte Wort über uns: Unsere Schuld oder Gottes Segen?

Im Namen unseres Volkes ist in dem nun zu Ende gehenden Jahrhundert Schreckliches geschehen. Jeder, der damals schon den Kinderschuhen entwachsen war, wurde in Schuldzusammenhänge verwickelt. Die dadurch entstehende Belastung läßt sich unter drei Stichworten beschreiben:

Das Schwere ist eine Last. Wir müssen sie ansehen und tragen. Auch wenn wir gelernt haben, aus der Vergebung zu leben, bleibt die Last ein Bestandteil unseres Lebens.

Wenn wir dies einsehen, werden wir eine Entdeckung machen: Die Last wirkt – als Ballast! Unser Lebensschiff würde – von allem Schweren erleichtert – seinen Tiefgang verlieren und nur noch mühsam steuerbar sein. Wir dürfen die Erfahrung des alttestamentlichen Jakob machen: Wer seine Schuld nicht abstreitet, sondern trägt, in dessen Leben erweist sich der Segen Gottes stärker als die Schuld.

Die Last erweist sich als Ballast und kann uns so zu einer Kraftquelle werden. Gerade weil ich weiß, daß ich Erbe einer Herrenschicht bin, für die der Stellenwert des kleinen Mannes nicht immer sehr groß gewesen ist, können mich demokratische Einsichten einen Umgang mit den „Endverbrauchern" unseres Systems lehren, der zwar nicht in jedem Fall Erfolg haben wird, aber dennoch Freude macht: Ich möchte mit meinen

Nächsten, insbesondere dann, wenn sie mir nachgeordnet sind, so umgehen, daß ich ihnen stets etwas mehr Gutes zutraue, als nüchterner Verstand nahelegen würde. Denn nur, wo man mir Gutes zutraut, gelingt es mir, gut zu sein. Wir sollten einander Mut machen, über uns hinauszuwachsen.

Der unblutige Verlauf der Wende und die neugewonnene Einheit kann uns noch in besonderer Weise zum Zeichen werden: 1936 erhielt der Pastor von Jarmen in Vorpommern nach einer Predigt über den alttestamentlichen Jakob einen Brief des Ortsgruppenleiters, in dem es etwa folgendermaßen hieß: „Bitte lassen Sie uns in Ruhe mit diesen häßlichen Geschichten von Jakob, der gelogen und betrogen hat. Was sollen wir daraus lernen? Wir sind ein ehrliches und tüchtiges Volk, das nicht vom Betrug, sondern seiner Hände Arbeit lebt." Dieser Brief macht deutlich, welches Denken unserem Volk damals eingeimpft werden sollte. Nicht von Schuld und Segen war die Rede, sondern von dem Unterschied zwischen einem ehrlichen und einem listenreichen Volk – verbunden mit dem zunächst unterschwelligen Urteil, das eine sei wertvoll und das andere minderwertig. Keinem Leser oder Hörer wurde damals klar, daß es in der Konsequenz solchen Denkens liegen könnte, den Völkermord zu befehlen. Und dann standen wir als Überlebende des Krieges 1945 beschämt da:

Nun zeigte man des Mordes an den Juden wegen aus aller Welt auf uns, wir waren die Minderwertigen.

Günter Grass und andere meinen, es hätte dem Urteil der Geschichte über uns entsprochen, daß wir nie wieder in einem vereinigten Land leben dürften. Demgegenüber gewinnt die vollzogene Einheit für mich den Charakter der Bestätigung biblischer Verheißung: Vor Gottes Augen ist der Schuldige nicht minderwertig. Er bleibt gesegnet. Wir haben uns in Ost und West den Glauben erhalten, daß die Kraft des Segens sich als stärker erweisen würde als unsere Schuld. Ich bin dankbar dafür, daß wir uns des Segens der Einheit erfreuen dürfen.